国学经典选读

主 编 刘 琨 可 敬
副主编 曹 义 李 钰

北京理工大学出版社
BEIJING INSTITUTE OF TECHNOLOGY PRESS

版权专有　侵权必究

图书在版编目（CIP）数据

国学经典选读／刘琨，可敬主编．—北京：北京理工大学出版社，2019.7重印
ISBN 978-7-5682-5989-7

Ⅰ．①国…　Ⅱ．①刘…②可…　Ⅲ．①中华文化-中等专业学校-教材　Ⅳ．①G634.30

中国版本图书馆CIP数据核字（2018）第171894号

出版发行／北京理工大学出版社有限责任公司
社　　址／北京市海淀区中关村南大街5号
邮　　编／100081
电　　话／（010）68914775（总编室）
　　　　　（010）82562903（教材售后服务热线）
　　　　　（010）68948351（其他图书服务热线）
网　　址／http://www.bitpress.com.cn
经　　销／全国各地新华书店
印　　刷／定州市新华印刷有限公司
开　　本／787毫米×1092毫米　1/16
印　　张／8　　　　　　　　　　　　　　　　　责任编辑／陆世立
字　　数／137千字　　　　　　　　　　　　　　文案编辑／陆世立
版　　次／2019年7月第1版第2次印刷　　　　　　责任校对／周瑞红
定　　价／28.00元　　　　　　　　　　　　　　责任印制／边心超

图书出现印装质量问题，请拨打售后服务热线，本社负责调换

前言

中华文化有着五千多年的悠久历史，是世界上最古老的文明，也是世界上唯一持续时间最长、流传至今还没有中断的文明。中华文化价值中最为重要的就是先辈们留下的大量经典。

国学经典，博大精深，它是古代先哲圣贤思想与智慧的结晶，是我们民族文化的瑰宝。诵读经典，可以修养身心，丰富学识，使我们获得无限的智慧，可以引领我们去认识美、感知美，进而提升自我。

立德树人是教育的根本任务，坚持德育为先，把社会主义核心价值观体系融入教育全过程，是培育和践行社会主义核心价值观、落实立德树人根本任务的重要基础。中华传统文化博大精深、源远流长，传统美德是中华文化的精髓，开展中华优秀传统文化教育，对培养学生良好的思想品德和行为习惯、培育和弘扬爱国主义精神具有积极作用。

本书共7章，主要内容如下：第一章主要介绍启蒙教化的法典——《三字经》《孝经》和《弟子规》，第二章介绍中国文学的源头——古诗，第三章介绍异彩纷呈的经典——诸子散文，第四章介绍悠然自乐的清淡之风——魏晋南北朝文化，第五章介绍辉煌灿烂的明珠——唐诗宋词，第六章介绍竞显风流的明星——散曲，第七章介绍永恒的经典——四大名著选读。

为了更好地弘扬中华优秀传统文化，延续传统，推动读经教育的普及，我们编写了本书，以期让古老的中华文明重新焕发出新的活力。

编　者

CONTENTS 目录

第一章 启蒙教化的法典

第一节 三字经 ………………………………… 1
第二节 孝经 …………………………………… 14
第三节 弟子规 ………………………………… 23

第二章 中国文学的源头——古诗

第一节 《诗经》（选读） …………………… 38
第二节 汉乐府 ………………………………… 42
第三节 古诗十九首（选读） ………………… 44

第三章 异彩纷呈的经典——诸子散文

第一节 孔子 …………………………………… 49
第二节 孟子 …………………………………… 56
第三节 荀子 …………………………………… 63
第四节 老庄 …………………………………… 65
第五节 墨子 …………………………………… 76

第四章 悠然自乐的清淡之风——魏晋南北朝文化

第一节 建安风骨 ……………………………… 78
第二节 陶渊明 ………………………………… 82

第五章　辉煌灿烂的明珠——唐诗宋词

第一节　唐诗 …………………………… 86
第二节　宋词 …………………………… 92

第六章　竞显风流的明星——散曲

散曲 …………………………………… 98

第七章　永恒的经典——四大名著选读

第一节　罗贯中与《三国演义》………… 108
第二节　施耐庵与《水浒传》…………… 109
第三节　吴承恩与《西游记》…………… 112
第四节　曹雪芹与《红楼梦》…………… 117

参考文献

第一章　启蒙教化的法典

中华文化积淀着中华民族最深沉的精神追求，是中华民族生生不息、发展壮大的滋养品。

第一节　三字经

《三字经》是中国的传统启蒙教材。在中国古代经典当中，《三字经》是较浅显易懂的读本之一。

原文及译文

人之初,性本善。性相近,习相远。苟不教,性乃迁。教之道,贵以专。

【译文】 人出生之初,禀性本身都是善良的,天性也相差不多,只是后天所处的环境不同和所受教育不同,彼此的习性才形成了巨大的差别。如果从小不好好教育,善良的本性就会变坏。为了使人不变坏,最重要的方法就是要专心一致地去教育孩子。

昔孟母,择邻处。子不学,断机杼。窦燕山,有义方。教五子,名俱扬。

【译文】 战国时,孟子的母亲曾三次搬家,是为了使孟子有一个好的学习环境。一次孟子逃学,孟母就折断了织布的机杼来教育孟子。五代时,燕山人窦禹钧教育儿子很有方法,他教育的五个儿子都很有成就,同时科举成名。

养不教,父之过。教不严,师之惰。子不学,非所宜。幼不学,老何为。

【译文】 仅仅是供养儿女吃穿,而不好好教育,是父母的过错。只是教育,但不严格要求就是做老师的懒惰了。小孩子不肯好好学习,是很不应该的。一个人倘若小时候不好好学习,到老的时候既不懂做人的道理,又无知识,那么到老的时候是很难有所作为的。

玉不琢,不成器。人不学,不知义。为人子,方少时。亲师友,习礼仪。

【译文】 玉不打磨雕刻,不会成为精美的器物;人若是不学习,就不懂得礼仪,不能成才。做儿女的,从小时候就要亲近老师和朋友,以便从他们那里学习到许多为人处事的礼节和知识。

香九龄,能温席。孝于亲,所当执。融四岁,能让梨。弟①于长,宜先知。

【译文】 东汉人黄香,九岁时就知道孝敬父亲,替父亲暖被窝。这是每个孝顺父母的人都应该学习和效仿的。汉代人孔融四岁时，就知道把大的梨让给哥哥吃，这种尊敬和友爱兄长的道理，是每个人从小就应该知道的。

①"弟"通"悌"，尊敬友爱。

首孝悌，次见闻。知某数，识某文。一而十，十而百。百而千，千而万。

【译文】一个人首先要学的是孝敬父母和兄弟友爱的道理，接下来要学习看到和听到的知识，并且要知道基本的算术和高深的数学，以及认识文字，阅读文学为。中国采用十进位算术方法：一到十是基本的数字，然后十个十是一百，十个一百是一千，十个一千是一万……一直变化下去。

三才者，天地人。三光者，日月星。三纲者，君臣义。父子亲，夫妇顺。

【译文】还应该知道一些日常生活常识。三才指的是天、地、人三个方面。三光就是太阳、月亮、星星。三纲是人与人之间关系应该遵守的三个行为准则，就是君王与臣子的言行要合乎义理，父母与子女之间相亲相爱，夫妻之间和顺相处。

曰春夏，曰秋冬。此四时，运不穷。曰南北，曰西东。此四方，应乎中。

【译文】春、夏、秋、冬叫做四季。季节不断变化，春去夏来，秋去冬来，如此循环往复，永不停止。东、南、西、北叫做"四方"，是指各个方向的位置。这四个方位，必须有一个中央位置对应，才能把各个方位定出来。

曰水火，木金土。此五行，本乎数。十干者，甲至癸。十二支，子至亥。

【译文】"五行"，就是金、木、水、火、土。这是中国古代用来指宇宙各种事物的抽象概念，是根据一、二、三、四、五这五个数字和组合变化而产生的。"十干"指的是甲、乙、丙、丁、戊、己、庚、辛、壬、癸，又叫"天干"；"十二支"指的是子、丑、寅、卯、辰、巳、午、未、申、酉、戌、亥，又叫"地支"，是古代记时的标记。

曰黄道，曰所躔。曰赤道①，当中权。赤道下，温暖极。我中华，在东北。

【译文】地球围绕太阳运转，而太阳又围绕着银河系中心运转。太阳运行的轨道叫"黄道"，在地球中央有一条假想的与地轴垂直的大圆圈，这就是赤道。在赤道地区，温度最高，气候特别炎热，从赤道向南北两个方向，气温逐渐变低。中国地处地球的东北边。

①根据中国古代天圆地方的宇宙观，不知道地球是球体，所说的赤道应该指的是所生活的平面。

曰江河，曰淮济。此四渎，水之纪。曰岱华，嵩恒衡。此五岳，山之名。

【译文】中国直接流入大海的有长江、黄河、淮河和济水，这四条大河是中国河流的代表。中国的五大名山，称为"五岳"，就是东岳泰山、西岳华山、中岳嵩山、南岳衡山、北岳恒山，这五座山是中国大山的代表。

曰士农，曰工商。此四民，国之良。曰仁义，礼智信。此五常，不容紊。

【译文】知识分子、农民、工人和商人，是国家不可缺少的栋梁，称为四民，这是社会重要的组成部分。如果所有的人都能以仁、义、礼、智、信这五种不变的法则作为处事做人的标准，社会就会永葆祥和，所以每个人都应遵守，不可怠慢疏忽。

地所生，有草木。此植物，遍水陆。有虫鱼，有鸟兽。此动物，能飞走。

【译文】除了人类，在地球上还有花草树木，这些属于植物，在陆地上和水里到处都有。虫、鱼、鸟、兽属于动物，这些动物有的能在天空中飞，有的能在陆地上走，有的能在水里游。

稻粱菽，麦黍稷。此六谷，人所食。马牛羊，鸡犬豕。此六畜，人所饲。

【译文】人类生活中的主食有的来自植物，像稻子、小麦、豆类、玉米和高粱，这些是日常生活的重要食品。动物有马、牛、羊、鸡、狗和猪，这叫六畜。这些动物和六谷一样，本来都是野生的，后来被人们渐渐驯化后，才成为人类日常生活的必需品。

曰喜怒，曰哀惧。爱恶欲，七情俱。青赤黄，及黑白。此五色，目所识。

【译文】 高兴叫做喜，生气叫做怒，伤心叫做哀，害怕叫做惧，心里喜欢叫做爱，讨厌叫做恶，内心很贪恋叫做欲，合起来叫做七情。这是人生下来就有的七种感情。青色、黄色、赤色、黑色和白色，这是中国古代传统的五行中的五种颜色，是人们的肉眼能够识别的。

酸苦甘，及辛咸。此五味，口所含。膻焦香，及腥朽。此五臭，鼻所嗅。

【译文】 在平时所吃的食物中，全能用嘴巴分辨出来的，有酸、甜、苦、辣和咸这五种味道。鼻子可以闻出东西的气味，气味主要有五种，即羊膻味、烧焦味、香味、鱼腥味和腐朽味。

匏土革，木石金。与丝竹，乃八音。曰平上，曰去入。此四声，宜调协。

【译文】 中国古代人把制造乐器的材料分为八种，即匏瓜、黏土、皮革、木块、石头、金属、丝线与竹子，称为"八音"。中国古代把说话声音的声调分为平、上、去、入四种。四声的运用必须和谐，听起来才能使人舒畅。

高曾祖，父而身。身而子，子而孙。自子孙，至玄曾。乃九族，人之伦。

【译文】 由高祖父生曾祖父，曾祖父生祖父，祖父生父亲，父亲生自己本身，自己生儿子，儿子再生孙子。由自己的儿子、孙子再接下去，就是曾孙和玄孙。从高祖父到玄孙称为"九族"。这"九族"代表着人的长幼尊卑秩序和家族血统的承续关系。

父子恩，夫妇从。兄则友，弟则恭。长幼序，友与朋。君则敬，臣则忠。

【译文】 父亲与儿子之间要注重相互的恩情，夫妻之间的感情要和顺，哥哥对弟弟要友爱，弟弟对哥哥则要尊敬。年长的和年幼的交往要注意长幼尊卑的次序；朋友相处应该互相讲信用。如果君主能尊重他的臣子，官吏们就会对他忠心耿耿了。

此十义，人所同。当师叙，勿违背。斩齐衰，大小功。至缌麻，五服终。

【译文】 前面提到的十义——父慈、子孝、夫和、妻顺、兄友、弟恭、朋信、友义、君敬、臣忠，是人人都应遵守的，千万不能违背。斩衰、齐衰、大功、小功和缌麻，是中国古代亲族中不同的人死去时穿的五种孝服。

礼乐射，御书数。古六艺，今不具。惟书学，人共遵。既识字，讲说文。

【译文】 礼法、音乐、射箭、驾车、书法和算数是古代读书人必须学习的六种技艺，这六种技艺到现在已经没有人能同时具备了。在六艺中，只有书法在现今社会还是每个人都推崇的。当一个人认识字以后，就可以去研究《说文解字》，这样对研究高深的学问是有帮助的。

有古文，大小篆。隶草继，不可乱。若广学，惧其繁。但略说，能知原。

【译文】 中国的文字发展经历了古文、大篆、小篆、隶书、草书，不要将顺序乱了。假如想广泛地学习知识，实在是不容易的事，也无从下手，但如能做大体研究，还是能了解到许多基本的道理。

凡训蒙，须讲究。详训诂，明句读。为学者，必有初。小学终，至四书。

【译文】 凡是教导刚入学的儿童的老师，必须把每个字都讲清楚，每句话都要解释明白，并且使学童读书时懂得断句。作为一个学者，求学的初期打好基础，把小学知识学透了，才可以读"四书"。

论语者，二十篇。群弟子，记善言。孟子者，七篇止。讲道德，说仁义。

【译文】《论语》这本书共有二十篇，是孔子的弟子们及弟子的弟子们，记载有关孔子言论的一部书。《孟子》这本书是孟轲所作，共分七篇。内容也是有关品行修养、发扬道德仁义等优良德行的言论。

作中庸，及孔伋。中不偏，庸不易。作大学，乃曾子。自修齐，至平治。

【译文】作《中庸》这本书的是孔伋，"中"是不偏的意思，"庸"是不变的意思。作《大学》这本书的是曾参，他提出了"修身齐家治国平天下"的主张。

孝经通，四书熟。如六经，始可读。诗书易，礼春秋。号六经，当讲求。

【译文】把四书读熟了，孝经的道理弄明白了，才可以去读六经这样深奥的书。《诗》《书》《易》《礼》《春秋》，再加上《乐》称六经，这是中国古代儒家的重要经典，应当仔细阅读。

有连山，有归藏。有周易，三易详。有典谟，有训诰。有誓命，书之奥。

【译文】《连山》《归藏》《周易》，是我国古代的三部书，这三部书合称"三易"，"三易"是用"卦"的形式来说明宇宙间万事万物循环变化的道理的书籍。《书经》的内容分六个部分：一典，是立国的基本原则；二谟，即治国计划；三训，即大臣的态度；四诰，即国君的通告；五誓，即起兵文告；六命，即国君的命令。

我周公，作周礼。著六官，存治体。大小戴，注礼记。述圣言，礼乐备。

【译文】周公著作了《周礼》，其中记载着当时六宫的官制及国家的组成情况。戴德和戴圣整理并且注释《礼记》，传述和阐扬了圣贤的著作，这使后代人知道了前代的典章制度和有关礼乐的情形。

曰国风，曰雅颂。号四诗，当讽咏。诗既亡，春秋作。寓褒贬，别善恶。

【译文】《国风》《大雅》《小雅》和《颂》，合称为四诗，它是一种内容丰富、感情深切的诗歌，值得去朗诵。由于周朝的衰落，诗经也就跟着被冷落了，所以孔子作《春秋》，在这本书中隐含着对现实政治的褒贬及对各国善恶行为的分辨。

三传者，有公羊。有左氏，有谷梁。经既明，方读子。撮其要，记其事。

【译文】三传就是羊高所著的《公羊传》，左丘明所著的《左传》和谷梁赤所著的《谷梁传》，这些是解释《春秋》的书。经传都读熟了然后读子书。子书繁杂，必须选择比较重要的来读，并且要记住每件事的本末因果。

五子者，有荀扬。文中子，及老庄。经子通，读诸史。考世系，知终始。

【译文】五子是指荀子、扬子、文中子、老子和庄子。他们所写的书，便称为子书。经书和子书读熟了以后，再读史书。读史时必须要考究各朝各代的世系，明白他们盛衰的原因，才能从历史中汲取教训。

自羲农，至黄帝。号三皇，居上世。唐有虞，号二帝。相揖逊，称盛世。

【译文】自伏羲氏、神农氏到黄帝，这三位上古时代的帝王都能勤政爱民，非常伟大，因此后人尊称他们为"三皇"。黄帝之后，有唐尧和虞舜二位帝王，尧认为自己的儿子不肖，而把帝位传给了才德兼备的舜，在两位帝王治理下，天下太平，人人称颂。

夏有禹，商有汤。周文武，称三王。夏传子，家天下。四百载，迁夏社。

【译文】夏朝的开国君主是禹，商朝的开国君主是汤，周朝的开国君主是文王和武王。这几个德才兼备的君王被后人称为三王。禹把帝位传给自己的儿子，从此天下就由一个家族所有了。经过四百多年，夏被汤灭掉，才结束了它的统治。

汤伐夏，国号商。六百载，至纣亡。周武王，始诛纣。八百载，最长久。

【译文】汤朝征讨夏朝，定国号为商，过了六百多年，直到纣的灭亡。周武王起兵灭掉商朝，杀死纣王，建立周朝。周朝的历史最长，前后延续了八百多年。

周辙东，王纲坠。逞干戈，尚游说。始春秋，终战国。五霸强，七雄出。

【译文】自从周平王东迁国都后，对诸侯的控制力就越来越弱了。诸侯国之间时常发生战争，而游说之士也开始大行其道。东周分为两个阶段，一是春秋时期，一是战国时期。春秋时的齐桓公、宋襄公、晋文公、秦穆公和楚庄王号称五霸。战国的七雄分别为齐、楚、燕、韩、赵、魏、秦。

嬴秦氏，始兼并。传二世，楚汉争。高祖兴，汉业建。至孝平，王莽篡。

【译文】战国末年，秦国的势力日渐强大，把其他诸侯国都灭掉了，建立了统一的秦朝。秦传到二世胡亥，天下又开始大乱，最后形成楚汉相争的局面。汉高祖打败了项羽，建立汉朝。汉朝的帝位传了两百多年，到了孝平帝时，就被王莽篡夺了。

光武兴，为东汉。四百年，终于献。魏蜀吴，争汉鼎。号三国，迄两晋。

【译文】王莽篡权，改国号为新，天下大乱，刘秀推翻更始帝，恢复国号为汉，史称东汉光武帝，东汉延续四百年，到汉献帝的时候灭亡。东汉末年，魏国、蜀国、吴国争夺天下，形成三国相争的局面。后来魏灭了蜀国和吴国，但被司马炎篡夺了帝位，建立了晋朝，晋又分为东晋和西晋两个时期。

宋齐继，梁陈承。为南朝，都金陵。北元魏，分东西。宇文周，与高齐。

【译文】晋朝王室南迁以后，不久就衰亡了，继之而起的是南北朝时期。南朝包括宋齐梁陈，国都建在金陵。北朝则指的是元魏。元魏后来也分裂成东魏和西魏，西魏被宇文觉篡位，建立了北周；东魏被高洋篡位，建立了北齐。

迨至隋，一土宇。不再传，失统绪。唐高祖，起义师。除隋乱，创国基。

【译文】杨坚重新统一了中国，建立了隋朝，历史上称为隋文帝。他的儿子隋炀帝杨广即位后，荒淫无道，隋朝很快就灭亡了。唐高祖李渊起兵反隋，最后隋朝灭亡，他战胜了各路的反隋义军，取得了天下，建立起唐朝。

二十传,三百载。梁灭之,国乃改。梁唐晋,及汉周。称五代,皆有由。

【译文】唐朝的统治近三百年,总共传了二十位皇帝。到唐昭宣帝被朱全忠篡位,建立了梁朝,唐朝从此灭亡。为和南北朝时期的梁相区别,历史上称为后梁。后梁、后唐、后晋、后汉和后周五个朝代的更替时期,历史上称为五代,这五个朝代的更替都有着一定的原因。

赵宋兴,受周禅。十八传,南北混。辽与金,皆称帝。元灭金,绝宋世。

【译文】赵匡胤接受了后周"禅让"的帝位,建立宋朝。宋朝相传了十八个皇帝之后,北方的少数民族南下侵扰,结果又形成了南北混战的局面。北方的辽人、金人和蒙古人都建立了国家,自称皇帝,最后蒙古人灭了金朝和宋朝,建立了元朝,重新统一了中国。

舆图广,超前代。九十年,国祚废。太祖兴,国大明。号洪武,都金陵。

【译文】元朝的疆域很广大,所统治的领土超过了以前的每一个朝代。然而它只维持了短短九十年,就被农民起义推翻了。元朝末年,明太祖朱元璋起义,最后推翻元朝统治,统一全国,建立大明,年号洪武,定都在金陵。

迨成祖,迁燕京。十六世,至崇祯。权阉肆,寇如林。李闯出,神器焚。

【译文】到明成祖即位后,把国都由金陵迁到北方的燕京。明朝共传了十六个皇帝,直到崇祯皇帝为止,明朝就灭亡了。明朝末年,宦官专权,天下大乱,老百姓纷纷起义,以闯王李自成为首的起义军攻破北京,迫使崇祯皇帝自杀,明朝最后灭亡。

清世祖,膺景命。靖四方,克大定。由康雍,历乾嘉。民安富,治绩夸。

【译文】清军入关后,清世祖顺治皇帝在北京登上帝座,平定了各地的混乱局面,使得老百姓可以重新安定地生活。顺治皇帝以后,分别是康熙、雍正、乾隆和嘉庆四位皇帝，在此期间，天下太平，人民生活比较安定，国家也比较强盛。

道咸间，变乱起。始英法，扰都鄙。同光后，宣统弱。传九帝，满清殁。

【译文】清朝道光、咸丰年间，发生了变乱，英军挑起鸦片战争。英法两国分别以亚罗号事件和法国神父被杀为由组成联军，直攻北京。同治、光绪皇帝以后，清朝的国势已经破败不堪，当传到第九代宣统皇帝时，就被孙中山领导的辛亥革命推翻了。

革命兴，废帝制。立宪法，建民国。古今史，全在兹。载治乱，知兴衰。

【译文】孙中山领导的辛亥革命，推翻了清朝政府的统治，废除了帝制，建立了宪法，成立了中华民国政府，孙中山任临时大总统。以上所叙述的是从三皇五帝到建立民国的古今历史，通过对历史的学习，可以了解各朝各代的治乱兴衰，领悟许多有益的东西。

史虽繁，读有次。史记一，汉书二。后汉三，国志四。兼证经，参通鉴。

【译文】中国的历史书虽然纷繁、复杂，但在读的时候应该有次序：先读《史记》，然后读《汉书》。第三读《后汉书》，第四读《三国志》，读的同时，还要参照经书，参考《资治通鉴》，这样就可以更好地了解历史的治乱兴衰了。

读史者，考实录。通古今，若亲目。昔仲尼，师项橐。古圣贤，尚勤学。

【译文】读历史的人应该更进一步地去翻阅历史资料，了解古往今来事情的前因后果，就好像是自己亲眼所见一样。从前，孔子是一个十分好学的人，当时鲁国有一位神童名叫项橐，孔子就曾向他学习。像孔子这样的圣贤，尚不忘勤学。

赵中令，读鲁论。彼既仕，学且勤。披蒲编，削竹简。彼无书，且知勉。

【译文】宋朝时赵中令——赵普，他官已经做到了中书令了，天天还手不释卷地阅读论语，不因为自己已经当了高官，而忘记勤奋学习。西汉时路温舒把文字抄在蒲草上阅读。公孙弘将春秋刻在竹子削成的竹片上。他们两人都很穷，买不起书，但还不忘勤奋学习。

头悬梁，锥刺股。彼不教，自勤苦。如囊萤，如映雪。家虽贫，学不辍。

【译文】 东汉的孙敬读书时把自己的头发拴在屋梁上，以免打瞌睡。战国时苏秦读书每到疲倦时就用锥子刺大腿，他们不用别人督促而自觉勤奋苦读。晋朝人车胤，把萤火虫放在纱袋里，以此照明读书。孙康则利用积雪的反光来读书。他们两人家境贫苦，却能在艰苦的条件下继续求学。

如负薪，如挂角。身虽劳，犹苦卓。苏老泉，二十七。始发愤，读书籍。

【译文】 汉朝的朱买臣，以砍柴维持生活，每天边担柴边读书。隋朝李密放牛时把书挂在牛角上，有时间就读。他们在艰苦的环境里仍坚持读书。唐宋八大家之一的苏洵，号老泉，小时候不想念书，到了二十七岁的时候，才开始下决心努力学习，后来成了大学问家。

彼既老，犹悔迟。尔小生，宜早思。若梁灏，八十二。对大廷，魁多士。

【译文】 像苏老泉上了年纪，才后悔当初没好好读书，而我们年纪轻轻，更应该把握大好时光，发奋读书，才不至于将来后悔。宋朝有个梁灏，在八十二岁时才考中状元，在金殿上对皇帝提出的问题对答如流，所有参加考试的人都不如他。

彼既成，众称异。尔小生，宜立志。莹八岁，能咏诗。泌七岁，能赋棋。

【译文】 梁灏这么大年纪，尚能获得成功，不能不使大家感到惊异，钦佩他的好学不倦。而我们应该趁着年轻的时候，立定志向，努力用功就一定前途无量。北齐有个叫祖莹的人，八岁就能吟诗，后来当了秘书监著作郎。另外唐朝有个叫李泌的人，七岁时就能以下棋为题而作出诗赋。

彼颖悟，人称奇。尔幼学，当效之。蔡文姬，能辨琴。谢道韫，能咏吟。

【译文】 他们两个人的聪明和才智，在当时很受人们的赞赏和称奇，我们正值求学的开始，应该效法他们，努力用功读书。在古代有许多出色的女能人。东汉末年的蔡文姬能分辨琴声好坏，晋朝的才女谢道韫则能出口成诗。

彼女子，且聪敏。尔男子，当自警。唐刘晏，方七岁。举神童，作正字。

【译文】 像这样的两个女孩子，一个懂音乐，一个会做诗，天资如此聪慧；身为一个男子汉，更要时时警惕，充实自己才对。唐玄宗时，有一个名叫刘晏的小孩子，只有七岁，就被推举为神童，并且做了负责刊正文字的官。

口而诵，心而惟。朝于斯，夕于斯。晏虽幼，身已仕。有为者，亦若是。

【译文】 读书学习，要有恒心，要一边读，一边用心去思考。只有早晚都把心思用到学习上，才能真正学好。刘晏虽然年纪这么小，但已经能做官，担当国家给他的重任。要想成为一个有用的人，只要勤奋好学，也可以和刘晏一样名扬后世。

犬守夜，鸡司晨。苟不学，曷为人。蚕吐丝，蜂酿蜜。人不学，不如物。

【译文】 狗在夜间会替人看守家门，鸡在每天早晨天亮时报晓，人如果不能用心学习、迷迷糊糊过日子，有什么资格称为人呢。蚕吐丝以供做衣料，蜜蜂可以酿制蜂蜜，供人们食用。而人要是不懂得学习，以自己的知识、技能来实现自己的价值，真不如小动物。

幼而学，壮而行。上致君，下泽民。扬名声，显父母。光于前，裕于后。

【译文】 要在幼年时努力学习不断充实自己，长大后才能够学以致用，上替国家效力，下为人民谋福利。如果为人民做出应有的贡献，就会得到赞扬，自己的父母也可以得到荣耀，给祖先增添了光彩，也为下代树下了好的榜样。

人遗子，金满赢。我教子，唯一经。勤有功，戏无益。戒之哉，宜勉力。

【译文】 有的人遗留给子孙后代的是金银钱财，但应该教孩子精于读书学习，长大后做一个有所作为的人。反复讲了许多道理，只是告诉孩子们，凡是勤奋上进的人，都会有好的收获，而只顾贪玩，浪费了大好时光是一定会后悔的。

第二节　孝　　经

"百善孝为先"。《孝经》首次将孝与忠联系起来，认为"忠"是"孝"的发展和扩大，并把"孝"的社会作用推而广之，认为"孝悌之至"就能够"光于四海，无所不通"，并对实行"孝"的要求和方法做了系统而详细的规定。

开宗明义章第一

仲尼居，曾子侍。子曰："先王有至德要道，以顺天下，民用和睦，上下无怨。汝知之乎？"

曾子避席曰："参不敏，何足以知之？"

子曰："夫孝，德之本也，教之所由生也。复坐，吾语汝。身体发肤，受之父母，不敢毁伤，孝之始也。立身行道，扬名于后世，以显父母，孝之终也。夫孝，始于事亲，中于事君，终于立身。《大雅》云：'无念尔祖，聿修厥德。'"

【译文】 孔子在家里闲坐，他的学生曾子侍坐在旁边。孔子说："先代的帝王有其至高无上的品行和最重要的道德，以其使天下人心归顺，人民和睦相处。人们无论是尊贵还是卑贱，上上下下都没有怨恨不满。你知道那是为什么吗？"

曾子站起身来，离开自己的座位回答说："学生我不够聪明，哪里会知道呢？"

孔子说："这就是孝。它是一切德行的根本，也是教化产生的根源。你回原来位置坐下，我告诉你。人的身体四肢、毛发皮肤，都是父母赋予的，不敢予以损毁伤残，这是孝的开始。人在世上遵循仁义道德，有所建树，显扬名声于后世，从而使父母显赫荣耀，这是孝的终极目标。所谓孝，最初从侍奉父母开始，然后效力于国君，最终建功立业，功成名就。《诗经·大雅·文王》篇中说过：'思念你的先祖，修养自己的德行。'"

天子章第二

子曰："爱亲者，不敢恶于人；敬亲者，不敢慢于人。爱敬尽于事亲，而德教加于百姓，刑于四海。盖天子之孝也。《甫刑》云：'一人有庆，兆民赖之。'"

【译文】孔子说："能够亲爱自己父母的人，就不会厌恶别人的父母，能够尊敬自己父母的人，也不会怠慢别人的父母。以亲爱恭敬的心情尽心尽力地侍奉双亲，而将德行教化施之于黎民百姓，使天下百姓遵从效法，这就是天子的孝道呀！《尚书·甫刑》里说：'天子一人有善行；万方民众都仰赖他。'"

诸侯章第三

在上不骄，高而不危；制节谨度，满而不溢。高而不危，所以长守贵也。满而不溢，所以长守富也。富贵不离其身，然后能保其社稷，而和其民人。盖诸侯之孝也。《诗》云："战战兢兢，如临深渊，如履薄冰。"

【译文】身为诸侯，在众人之上而不骄傲，其位置再高也不会有倾覆的危险；生活节俭、慎行法度，财富再充裕丰盈也不会损溢。居高位而没有倾覆的危险，所以能够长久保持自己尊贵的地位；财富充裕而不奢靡挥霍，所以能够长久地守住自己的财富。能够保持富有和尊贵，然后才能保住家国的安全，与其黎民百姓和睦相处。这大概就是诸侯的孝道吧。《诗经·小雅·小旻》篇中说："战战兢兢，就像身临深水潭边恐怕坠落，脚踩薄冰之上担心陷下去那样，小心谨慎地处事。"

卿大夫章第四

非先王之法服不敢服，非先王之法言不敢道，非先王之德行不敢行。是故非法不言，非道不行；口无择言，身无择行。言满天下无口过，行满天下无怨恶。三者备矣，然后能守其宗庙。盖卿、大夫之孝也。《诗》云："夙夜匪懈，以事一人。"

【译文】不是先代圣明君王所制定的合乎礼法的衣服不敢穿戴，不是先代圣明君王所说的合乎礼法的言语，不敢说；不是先代圣明君王实行的道德准则和行为，不敢去做。所以不合乎礼法的话不说，不合乎礼法道德的行为不做；开口说话不需选择就能合乎礼法，自己的行为不必着意考虑也不会越轨。于是所说的话即便天下皆知也不会有过失之处，所做的事传遍天下也不会遇到怨恨厌恶。衣饰、语言、行为这三点都能做到遵从先代圣明君王的礼法准则，然后才能守住自己祖宗的香火延续兴盛。这就是卿、大夫的孝道啊！《诗经·大雅·民》里说："要从早到晚勤勉不懈，专心奉事天子。"

士章第五

资于事父以事母，而爱同；资于事父以事君，而敬同。故母取其爱，而君取其敬，兼之者父也。故以孝事君则忠，以敬事长则顺。忠顺不失，以事其上，然后能保其禄位，而守其祭祀。盖士之孝也。《诗》云："夙兴夜寐，无忝尔所生。"

【译文】用奉事父亲的心情去奉事母亲，爱心是相同的；用奉事父亲的心情去奉事国君，崇敬之心也是相同的。所以奉事母亲是用爱心，奉事国君是用尊敬之心，两者兼而有之的是对待父亲。因此用孝道来奉事国君就忠诚，用尊敬之道奉事上级则顺从。能做到忠诚顺从地奉事国君和上级，然后即能保住自己的俸禄和职位，并能守住自己对祖先的祭祀。这就是士人的孝道啊！《诗经·小雅·小宛》里说："要早起晚睡地去做，不要辱及生养你的父母。"

庶人章第六

用天之道，分地之利，谨身节用，以养父母，此庶人之孝也。故自天子至于庶人，孝无终始，而患不及者，未之有也。

【译文】利用自然的季节，认清土地的高下优劣，行为谨慎，节省俭约，以此来孝养父母，这就是普通老百姓的孝道了。所以上自天子，下至普通老百姓，不论尊卑高下，孝道是无始无终、永恒存在的，有人担心自己不能做到孝，那是没有的事情。

三才章第七

曾子曰："甚哉，孝之大也！"

子曰："夫孝，天之经也，地之义也，民之行也。天地之经，而民是则之。则天之明，因地之利，以顺天下。是以其教不肃而成，其政不严而治。先王见教之可以化民也，是故先之以博爱，而民莫遗其亲，陈之德义，而民兴行。先之以敬让，而民不争；导之以礼乐，而民和睦；示之以好恶，而民知禁。《诗》云：'赫赫师尹，民具尔瞻。'"

【译文】曾子说："太伟大了！孝道是多么博大高深呀！"

孔子说："孝道犹如天上日月星辰的运行、地上万物的自然生长，天经地义，乃是人类最为根本首要的品行。天地有其自然法则，人类从其法则中领悟到实行孝道是为自身的法则而遵循它。效法上天那永恒不变的规律，利用大地自然四季中的优势，顺乎自然规律对天下民众施以政教。因此其教化不须严肃施为就可成功，其政治不须严厉推行就能得以治理。从前的贤明君主看到通过教育可以感化民众，所以他首先表现为博爱，人民因此没敢遗弃父母双亲的；向人民陈述道德、礼义，人民就起来去遵行，他又率先以恭敬和谦让垂范于人民，于是人民就不争斗；用礼仪和音乐引导他们，人民就和睦相处；告诉人民对值得喜好的美的东西和令人厌恶的丑的东西的区别，人民就知道禁令而不犯法了。《诗经·小雅·节南山》篇中说：'威严而显赫的太师尹氏，人民都仰望着你。'"

孝治章第八

子曰："昔者明王之孝治天下也，不敢遗小国之臣，而况于公、侯、伯、子、男乎，故得万国之欢心，以事其先王。治国者，不敢侮于鳏寡，而况于士民乎，故得百姓之欢心，以事其先君。治家者，不敢失于臣妾，而况于妻子乎，故得人之欢心，以事其亲。夫然，故生则亲安之，祭则鬼享之。是以天下和平，灾害不生，祸乱不作。故明王之以孝治天下也如此。《诗》云：'有觉德行，四国顺之。'"

【译文】 孔子说："从前圣明的君王是以孝道治理天下的，即便是对极卑微的小国的臣属也不遗弃，更何况是公、侯、伯、子、男五等诸侯了，所以会得到各诸侯国臣民的欢心，使他们奉祀先王。治理一个封国的诸侯，即便是对失去妻子的男人和丧夫守寡的女人也不敢欺侮，更何况对他属下的臣民百姓了，所以会得到老百姓的欢心，使他们帮助诸侯祭祀祖先。治理自己卿邑的卿大夫，即便对于臣仆婢妾也不失礼，更何况对其妻子、儿女了，所以会得到众人的欢心，便他们乐意奉事其父母亲。只有这样，才会让父母双亲在世时安乐、祥和地生活，死后成为鬼神享受到后代的祭祖。因此也就能够使天下祥和太平，自然灾害不发生，人为的祸乱不会出现。所以圣明的君王以孝道治理天下，就会像上面所说的那样。《诗经·大雅·仰之》篇中说：'天子有伟大的德行，四方的国家都会归顺他。'"

圣治章第九

曾子曰："敢问圣人之德，无以加于孝乎？"

子曰："天地之性，人为贵。人之行，莫大于孝。孝莫大于严父。严父莫大于配天，则周公其人也。昔者，周公郊祀后稷以配天，宗祀文王于明堂，以配上帝。是以四海之内，各以其职来祭。夫圣人之德，又何以加于孝乎？故亲生之膝下，以养父母日严。圣人因严以教敬，因亲以教爱。圣人之教，不肃而成，其政不严而治，其所因者本也。父子之道，天性也，君臣之义也。父母生之，续莫大焉。君亲临之，厚莫重焉。故不爱其亲而爱他人者，谓之悖德；不敬其亲而敬他人者，谓之悖礼。以顺则逆，民无则焉。不在于善，而皆在于凶德，虽得之，君子不贵也。君子则不然，言思可道，行思可乐，德义可尊，作事可法，容止可观，进退可度，以临其民。是以其民畏而爱之，则而象之。故能成其德教，而行其政令。《诗》云：'淑人君子，其仪不忒。'"

【译文】 曾子说："我很冒昧地请问，圣人的德行，没有比孝道更大的了吗？"

孔子说："天地万物之中，以人类最为尊贵。人类的行为，没有比孝道更为重大的了。

在孝道之中，没有比敬重父亲更重要的了。敬重父亲，没有比在祭天的时候，将祖先配祀天帝更为重大的了，而只有周公能够做到这一点。当初，周公在郊外祭天的时候，把其始祖后稷配祀天帝；在明堂祭祀，又把父亲文王配祀天帝。因为他这样做，所以全国各地诸侯能够克尽职守，前来协助他的祭祀活动。可见圣人的德行，又有什么能超出孝道之上呢？因为子女对父母亲的敬爱，在年幼相依父母亲膝下时就产生了，待到逐渐长大成人，则一天比一天懂得对父母亲尊严的爱敬。圣人就是依据这种子女对父母尊敬的天性，教导人们对父母孝敬；又因为子女对父母天生的亲情，教导他们爱的道理。圣人的教化之所以不必严厉地推行就可以成功，圣人对国家的管理不必施以严厉粗暴的方式就可以治理好，是因为他们因循的是孝道这一天生自然的根本天性。父亲与儿子的亲恩之情，乃是出于人类天生的本性，也体现了君主与臣属之间的义理关系。父母生下儿女以传宗接代，没有比此更为重要的了；父亲对于子女又犹如尊严的君王，其施恩于子女，没有比这样的恩爱更厚重的了。所以那种不敬爱自己的父母却去爱敬别人的行为，叫做违背道德；不尊敬自己的父母而尊敬别人的行为，叫做违背礼法。不是顺应人心天理地爱敬父母，偏偏要逆天理而行，人民就无从效法了。不是在身行爱敬的善道上下功夫，相反凭借违背道德礼法的恶道施为，虽然能一时得志，也是为君子所鄙视的。君子的作为则不是这样，其言谈，必须考虑到要让人们所称道奉行；其作为，必须想到可以给人们带来欢乐；其立德行义，能使人民为之尊敬；其行为举止，可使人民予以效法；其容貌行止，皆合规矩，使人们无可挑剔；其一进一退，不越礼违法，成为人民的楷模。君子以这样的作为来治理国家，统治黎民百姓，所以民众敬畏而爱戴他，并学习其作为。所以君子能够成就其德治教化，顺利地推行其法规、命令。《诗经·曹风·鸤》篇中说：'善人君子，其容貌举止丝毫不差。'"

纪孝行章第十

子曰："孝子之事亲也，居则致其敬，养则致其乐，病则致其忧，丧则致其哀，祭则致其严。五者备矣，然后能事亲。事亲者，居上不骄，为下不乱，在丑不争。居上骄则亡，为下而乱则刑，在丑而争则兵。三者不除，虽日用三牲之养，犹为不孝也。"

【译文】孔子说:"孝子对父母亲的侍奉,在日常家居的时候,要竭尽对父母的恭敬,在饮食生活的奉养时,要保持和悦愉快的心情去服侍;父母生了病,要带着忧虑的心情去照料;父母去世了,要竭尽悲哀之情料理后事;对先人的祭祀,要严肃对待,礼法不乱。这五方面做得完备周到了,方可称为对父母尽到了子女的责任。侍奉父母双亲,要身居高位而不骄傲蛮横,身居下层而不为非作乱,在民众中间和顺相处、不与人争斗。身居高位而骄傲自大者势必要招致灭亡,在下层而为非作乱者免不了遭受刑法,在民众中争斗则会引起相互残杀。这骄、乱、争三项恶事不戒除,即便对父母天天用牛、羊、猪三牲的肉食尽心奉养,也还是不孝之人啊。"

五刑章第十一

子曰:"五刑之属三千,而罪莫大于不孝。要君者无上,非圣人者无法,非孝者无亲。此大乱之道也。"

【译文】孔子说:"五刑所属的犯罪条例有三千之多,其中没有比不孝的罪过更大的了。用武力胁迫君主的人,是眼中没有君主的存在;诽谤圣人的人,是眼中没有法纪;对行孝的人有非议、不恭敬,是眼中没有父母双亲的存在。这三种人的行径,乃是天下大乱的根源所在。"

广要道章第十二

子曰:"教民亲爱,莫善于孝。教民礼顺,莫善于悌。移风易俗,莫善于乐。安上治民,莫善于礼。礼者,敬而已矣。故敬其父,则子悦;敬其兄,则弟悦;敬其君,则臣悦;敬一人,而千万人悦。所敬者寡,而悦者众,此之谓要道也。"

【译文】孔子说:"教育人民互相亲近友爱,没有比倡导孝道更好的了。教育人民礼貌和顺,没有比服从自己兄长更好的了。转移风气、改变旧的习惯制度,没有比用音乐教化更好的了。更使君主安心,人民驯服,没有比用礼教办事更好的了。所谓的礼,也就是敬爱而已。所以尊敬他人的父亲,其儿子就会喜悦;尊敬他人的兄长,其弟弟就愉快;尊敬他人的君主，其臣下就高兴。敬爱一个人，却能使千万人高兴愉快。所尊敬的对象虽然只是少数，为之喜悦的人却有千千万万，这就是礼敬作为要道的意义之所在啊。"

广至德章第十三

子曰："君子之教以孝也，非家至而日见之也。教以孝，所以敬天下之为人父者也。教以悌，所以敬天下之为人兄者也。教以臣，所以敬天下之为人君者也。《诗》云：'恺悌君子，民之父母。'非至德，其孰能顺民如此其大者乎！"

【译文】孔子说："君子教人以行孝道，并不是挨家挨户去推行，也不是天天当面去教导。君子教人行孝道，是让天下为父亲的人都能得到尊敬。教人以为弟之道，是让天下为兄长的人都能受到尊敬。教人以为臣之道，是让天下为君主的人都能受到尊敬。《诗经·大雅·酌》篇里说：'和乐平易的君子，是民众的父母。'不是具有至高无上的德行，其怎么能使天下民众顺从而如此伟大呢！"

广扬名章第十四

子曰："君子之事亲孝，故忠可移于君。事兄悌，故顺可移于长。居家理，故治可移于官。是以行成于内，而名立于后世矣。"

【译文】孔子说："君子侍奉父母亲能尽孝，所以能把对父母的孝心移作对国君的忠心；奉事兄长能尽敬，所以能把这种尽敬之心移作对前辈或上司的敬顺；在家里能处理好家务，所以会把理家的道理移于做官治理国家。因此说能够在家里尽孝悌之道、治理好家政的人，其名声也就会显扬于后世了。"

谏诤章第十五

曾子曰："若夫慈爱、恭敬、安亲、扬名，则闻命矣。敢问子从父之令，可谓孝乎？"
子曰："是何言与，是何言与！昔者天子有争臣七人，虽无道，不失其天下；诸侯有争臣五人，虽无道，不失其国；大夫有争臣三人，虽无道，不失其家；士有争友，则身不离于令名；父有争子，则身不陷于不义。则子不可以不争于父，臣不可以不争于君；故当不义，则争之。从父之令，又焉得为孝乎！"

【译文】曾子说："像慈爱、恭敬、安亲、扬名这些孝道，已经听过了天子的教诲，我想再冒昧地问一下，做儿子的一味遵从父亲的命令，就可称得上是孝顺了吗？"孔子说："这是什么话呢？这是什么话呢？从前，天子身边有七个直言相谏的诤臣，因此，纵使天子是个无道昏君，他也不会失去其天下；诸侯有直言谏争的诤臣五人，即便自己是个无道君主，也不会失去他的诸侯国地盘；卿大夫也有三位直言劝谏的臣属，所以即使他是个无道之臣，也不会失去自己的家园。普通的读书人有直言劝争的朋友，自己的美好名声就不会丧失；为父亲的有敢于直言力争的儿子，就能使父亲不会陷身于不义之中。因此在遇到不义之事时，如系父亲所为，做儿子的不可以不劝争力阻；如系君王所为，做臣子的不可以不直言谏争。所以对于不义之事，一定要谏争劝阻。如果只是遵从父亲的命令，又怎么称得上是孝顺呢？"

感应章第十六

子曰："昔者明王事父孝，故事天明；事母孝，故事地察；长幼顺，故上下治。天地明察，神明彰矣。故虽天子，必有尊也，言有父也；必有先也，言有兄也。宗庙致敬，不忘亲也；修身慎行，恐辱先也。宗庙致敬，鬼神着矣。孝悌之至，通于神明，光于四海，无所不通。《诗》云：'自西自东，自南自北，无思不服。'"

【译文】孔子说："从前，贤明的帝王奉事父亲很孝顺，所以在祭祀天帝时能够明白上天覆庇万物的道理；奉事母亲很孝顺，所以在社祭后土时能够明察大地孕育万物的道理；理顺处理好长幼秩序，所以对上下各层也就能够治理好。能够明察天地覆育万物的道理，神明感应其诚，就会彰明神灵、降临福瑞来保佑。所以虽然尊贵为天子，也必然有他所尊敬的人，这就是指他有父亲；必然有先他出生的人，这就是指他有兄长。到宗庙里祭祀致以恭敬之意，是没有忘记自己的亲人；修身养性，谨慎行事，是因为恐怕因自己的过失而使先人蒙受羞辱。到宗庙祭祀表达敬意，神明就会出来享受。对父母、兄长孝敬顺从达到了极致，则可以通达于神明，光照天下，任何地方都可以感应相通。《诗经·大雅·文王有声》篇中说：'从西到东，从南到北，没有人不想悦服的。'"

事君章第十七

子曰："君子之事上也，进思尽忠，进思补过，将顺其美，匡救其恶，故上下能相亲也。《诗》云：'心乎爱矣，遐不谓矣，中心藏之，何日忘之。'"

【译文】孔子说："君子奉事君王，在朝廷为官的时候，要想看如何竭尽其忠心；退官居家的时候，要想看如何补救君王的过失。对于君王的优点，要顺应发扬；对于君王的过失缺点，要匡正补救，所以君臣关系才能够相互亲敬。《诗经·小雅·隰桑》篇中说：'心中充溢着爱敬的情怀，无论多么遥远，这片真诚的爱心永久藏在心中，从不会有忘记的那一天。'"

第三节　弟子规

《弟子规》原名《训蒙文》，它不仅浅显易懂，而且朗朗上口，是启蒙养正的最佳读物。

原文及译文

总叙

弟子规　圣人训　首孝弟[①]次谨信

【译文】弟子规，是圣人的教诲。首先要孝敬父母、友爱兄弟姊妹，其次要谨言慎行、信守承诺。

①"弟"通"悌"。

泛爱众 而亲仁 有余力 则学文

【译文】博爱大众，亲近有仁德的人。学好自己的思想道德之后，有多余精力，就应该多学多问。

入则孝

父母呼 应勿缓 父母命 行勿懒

【译文】如果父母呼唤自己，则应该及时应答，不要故意拖延迟缓；如果父母交代自己去做事情，则应该立刻动身去做，不要故意拖延或推辞偷懒。

父母教 须敬听 父母责 须顺承

【译文】父母教诲自己的时候，态度应该恭敬，并仔细聆听父母的话；父母批评和责备自己的时候，不管自己认为父母批评的是对是错，面对父母的批评都应该态度恭顺，不要当面顶撞。

冬则温 夏则清 晨则省 昏则定

【译文】冬天天气寒冷，在父母睡觉之前，应该提前为父母温暖被窝；夏天天气酷热，应该提前帮父母把床铺扇凉。早晨起床后，应该先探望父母，向父母请安问好；到了晚上，应该在伺候父母就寝后，再入睡。（此处引用古代"二十四孝"中的黄香的典故）

出必告 反必面 居有常 业无变

【译文】出门前，应该告诉父母自己的去向，免得父母找不到自己，担忧记挂；回到家，应该先当面见一下父母，报个平安；虽然子女有出息，父母会高兴，但是父母辈对子女最大的期望不是子女多么有出息，而是平平安安、稳稳当当，一生没有灾秧。居住的地方尽量固定，不要经常搬家，谋生的工作也不要经常更换。

事虽小 勿擅为 苟擅为 子道亏

【译文】 事情虽小，也不要擅自作主和行动；擅自行动造成错误，让父母担忧，有失做子女的本分。

物虽小 勿私藏 苟私藏 亲心伤

【译文】 自己有什么东西，就算很小，也不要背着父母私藏。天下没有不透风的墙，如果私藏东西，即使自己很谨慎，也免不了会有被父母发现的一天，那时父母会伤心。

亲所好 力为具 亲所恶 谨为去

【译文】 父母喜欢的事情，应该尽力去做；父母厌恶的事情，应该小心谨慎不要去做（包括自己的坏习惯）。

身有伤 贻亲忧 德有伤 贻亲羞

【译文】 自己的身体受到伤害，必然会引起父母忧虑。所以，应该尽量爱惜自己的身体，不要让自己受到不必要的伤害。自己的名声德行受损，必然会令父母蒙羞受辱。所以，应该谨言慎行，不要让自己的名声和德行无端受损，更不要去做那种伤风败俗、自污名声、自贱德行的事情。

亲爱我 孝何难 亲憎我 孝方贤

【译文】 父母对我们态度慈爱的时候，孝敬父母、恭顺父母不是什么难事；父母对我们态度不好，批评我们，埋怨我们，或者恶声恶气，厌恶我们，憎恨我们，打骂我们，甚至动刀动枪杀害我们，还能对父母心存孝意，才是难能可贵。（当然，父母打自己，甚至要动刀动枪杀自己的时候，自己应该远远地躲开，跑掉，以免让父母背上不慈杀女弑子的坏名声。）

亲有过 谏使更 怡吾色 柔吾声

【译文】如果自己认为父母有过错，则应该努力劝导父母改过向善，以免父母铸成更大的错误，使父母陷于不义的境地；不过要注意方法，劝导时应该和颜悦色、态度诚恳，说话的时候应该语气轻柔。

谏不入 悦复谏 号泣随 挞无怨

【译文】如果自己劝解的时候，父母听不进去，不要强劝，则应该等父母高兴的时候再规劝，别跟父母顶撞，徒惹父母生气，还达不到规劝的效果；如果父母不听劝，又哭又闹，则暂时顺从父母；如果把父母劝恼，生气责打自己，则不要心生怨恨，更不要当面埋怨。

亲有疾 药先尝 昼夜侍 不离床

【译文】父母生病时，要替父母先尝药以确保药冷热适度和安全；应该尽力昼夜服侍，一时不离开父母床前。

丧三年 常悲咽 居处变 酒肉绝

【译文】父母去世之后，守孝三年，经常追思、感怀父母的养育之恩；生活起居，戒酒戒肉。

丧尽礼 祭尽诚 事死者 如事生

【译文】办理父母的丧事要合乎礼节，不可铺张浪费；祭奠父母要诚心诚意；对待去世的父母，要像生前一样恭敬。

出则弟

兄道友 弟道恭 兄弟睦 孝在中

【译文】兄长要友爱弟妹，弟妹要恭敬兄长；兄弟姊妹能和睦相处，父母自然欢喜，孝道就在其中了。

财物轻 怨何生 言语忍 忿［fèn］自泯［mǐn］

【译文】轻财重义，怨恨就无从生起；言语上包容忍让，愤怒自然消失。

或饮食 或坐走 长者先 幼者后

【译文】饮食用餐，坐立行走，年长者优先，年幼者在后。

长呼人 即代叫 人不在 己即到

【译文】长辈呼唤别人，应该立即代为传唤和转告；如果那个人不在，或者找不到那个人，则应该及时告知长辈。

称尊长 勿呼名 对尊长 勿见能

【译文】称呼尊者长辈，不应该直呼其姓名；在尊者长辈面前，应该谦虚有礼，见到尊者长辈有所不能，帮助可以，但不应该故意炫耀自己的才能，故意显示自己比尊者长辈强。

路遇长 疾趋揖 长无言 退恭立

【译文】路上遇见长辈，应恭敬问好行礼；如果长辈没有说话，则应退后恭敬站立一旁，等待长辈离去。

骑下马 乘下车 过犹待 百步余

【译文】如果遇见长辈时，自己在骑马或乘车，则应下马或下车问候。等待长者离开百步之远，方可续行。

长者立 幼勿坐 长者坐 命乃坐

【译文】长辈站着的时候，晚辈不应该坐着。具体是长辈坐下前，晚辈不应该先坐；大家都坐着的时候，长辈站起来时，晚辈也应该站起来；大家都坐着的时候，有一个长辈进来了，晚辈也应该立即站起来，以示尊敬。长辈坐定以后，晚辈应该等长辈示意自己坐下时，才可以坐。

尊长前 声要低 低不闻 却非宜

【译文】在尊长跟前与尊长说话，或者在尊长跟前与别人说话，应该低声细气，不应该大喊大叫；但声音太低，交头接耳，窃窃私语，尊长听不清楚，也不合适。

进必趋 退必迟 问起对 视勿移

【译文】到尊长面前，应快步向前；退回去时，稍慢一些才合乎礼节；长辈问话时，应该站起来回答，而且应该注视聆听，不应该东张西望。

事诸父 如事父 事诸兄 如事兄

【译文】对待父辈祖辈，如养父、姑父、姨父、叔父、舅父、岳父、祖父、外祖父、曾祖父、外曾祖父等长辈，应该如同对待自己的亲生父亲一般孝顺恭敬；对待兄辈，如堂兄、表兄、族兄等兄长，应该如同对待自己的同胞兄长一样友爱尊敬。

谨

朝起早 夜眠迟 老易至 惜此时

【译文】早上应该早起，晚上不应该过早睡。因为人生易老，所以应该珍惜时光。

晨必盥 兼漱口 便溺回 辄净手

【译文】早晨起床，务必洗脸梳妆、刷牙漱口；大小便回来，应该洗手。

冠必正 纽必结 袜与履 俱紧切

【译文】穿戴仪容整洁，扣好衣服纽扣；袜子穿平整，鞋带应系紧。

置冠服 有定位 勿乱顿 致污秽

【译文】放置衣服时，应该固定位置；衣物不要乱放乱扔，以免使家中脏乱差。

衣贵洁 不贵华 上循份 下称家

【译文】服装穿着重在整洁，不在多么华丽；一方面应该考虑自己的身份和地位，另一方面应该根据家庭实力量力而行。

对饮食 勿拣择 食适可 勿过则

【译文】对待饮食，不要挑挑拣拣，嫌这嫌那；饮食吃饱吃好就行，不要过分追求美食，更不要过分追求奢华。

年方少 勿饮酒 饮酒醉 最为丑

【译文】少年未成，不可饮酒；酒醉之态，最为丑陋。

步从容 立端正 揖深圆 拜恭敬

【译文】走路步伐从容稳重，站立要端正；上门拜访他人时，拱手鞠躬，真诚恭敬。

勿践阈 勿跛倚 勿箕踞 勿摇髀

【译文】不要踩在门槛上，站立不要歪斜；坐的时候不可以伸出两腿，腿不可抖动。

缓揭帘 勿有声 宽转弯 勿触棱

【译文】进出房间揭帘子、开关门的时候，应该动作轻缓，不要故意发出声响；拐弯的时候，应该绕大点儿圈，不要贴着墙角或者直角拐，这样就不会撞到物品的棱角，以致受伤，也不会因为有人在拐角处突然出现而撞在一起。

执虚器 如执盈 入虚室 如有人

【译文】拿空器具的时候，应该像拿着里面装满东西的器具一样，端端正正，不要甩来甩去，不然会显得很轻浮；进入无人的房间，也应该像进入有人的房间一样，不可以随便。

事勿忙 忙多错 勿畏难 勿轻略

【译文】做事的时候，即使再紧迫，也不要慌慌张张，因为忙中容易出错；不要畏惧困难，也不要草率行事。

斗闹场 绝勿近 邪僻事 绝勿问

【译文】打斗、赌博、色情等不良场所，绝对不要接近；对邪僻怪事，不要好奇过问。

将入门 问孰存 将上堂 声必扬

【译文】将要入门之前，应先问："有人在吗?"进入客厅之前，应先提高声音，让屋里的人知道有人来了。

人问谁 对以名 吾与我 不分明

【译文】屋里的人问："是谁呀?"，应该回答名字；若回答："是我"，则让人无法分辨是谁。

用人物 须明求 倘不问 即为偷

【译文】想用别人的物品，应该明明白白向人请求，以征得同意；如果没有询问主人意愿，或者问了却没有征得主人同意，而擅自取用，那就是偷窃行为。

借人物 及时还 后有急 借不难

【译文】借人物品，应该及时归还；以后若有急用，再借不难。

信

凡出言 信为先 诈与妄 奚可焉

【译文】开口说话，诚信为先；欺骗和胡言乱语，不可使用。

话说多 不如少 惟其是 勿佞巧

【译文】话多不如话少；说话实事求是，不要妄言取巧。

奸巧语 秽污词 市井气 切戒之

【译文】不要讲奸邪取巧的话语、下流肮脏的词语；势利市井之气，千万都要戒之。

见未真 勿轻言 知未的 勿轻传

【译文】没有得知真相之前，不要轻易发表意见；不知道真相的传言，不可轻信而再次传播。

事非宜 勿轻诺 苟轻诺 进退错

【译文】对不合理的要求、自己做不到的事情，不要轻易答应许诺；如果轻易答应，就会使自己进退两难。

凡道字 重且舒 勿急疾 勿模糊

【译文】说话时吐字清楚，语速缓慢；说话不要太快，吐字不要模糊不清。

彼说长 此说短 不关己 莫闲管

【译文】 不要当面说别人的长处,背后说别人的短处;不关自己的是非,不要无事生非。

见人善 即思齐 纵去远 以渐跻

【译文】 看见他人的善举,要立即学习看齐;纵然能力相差很远,也要努力去做,逐渐赶上。

见人恶 即内省 有则改 无加警

【译文】 看见别人的缺点或不良行为,要反省自己;有则改之,无则加以警惕。

唯德学 唯才艺 不如人 当自砺

【译文】 品德学识、才能技艺不如别人,应当自我激励,自我磨砺,自我提高。

若衣服 若饮食 不如人 勿生戚

【译文】 如果穿着饮食不如他人,不要攀比忧愁。

闻过怒 闻誉乐 损友来 益友却

【译文】 如果听到别人的批评就生气,听到别人的称赞就欢喜,坏朋友就会来找你,良朋益友就会离你而去。

闻誉恐 闻过欣 直谅士 渐相亲

【译文】 听到他人称赞自己,唯恐过誉;听到别人批评自己,欣然接受,良师益友就会渐渐和你亲近。

无心非 名为错 有心非 名为恶

【译文】不是存心故意做错的，称为过错；若是明知故犯的，便是罪恶。

过能改 归于无 倘掩饰 增一辜

【译文】知错改过，错误就会消失；如果掩饰过错，就是错上加错。

泛爱众

凡是人 皆须爱 天同覆 地同载

【译文】凡是人类，皆须相亲相爱，因为同顶一片天，同住地球上。

行高者 名自高 人所重 非貌高

【译文】德行高尚者，名声自然崇高；人们内心真正敬重的是德行，而不是那些表面上权势高、地位高的人。

才大者 望自大 人所服 非言大

【译文】大德大才者，威望自然高大；人们内心真正信服的是德才，而不是那些嘴上谈论的大官、大人物、大财商。

己有能 勿自私 人所能 勿轻訾

【译文】自己有能力，不要自私自利，要帮助别人；他人有能力，不要嫉妒，应当欣赏学习。

勿谄富 勿骄贫 勿厌故 勿喜新

【译文】不要献媚巴结富有的人，也不要在穷人面前骄纵自大；不要喜新厌旧。

人不闲 勿事搅 人不安 勿话扰

【译文】别人正在忙碌，不要去打扰；别人心情不好，不要用闲言闲语去打扰。

人有短 切莫揭 人有私 切莫说

【译文】别人的短处，切记不要去揭短；别人的隐私，切记不要去宣扬。

道人善 即是善 人知之 愈思勉

【译文】赞美他人的善行就是行善；别人听到你的称赞，就会更加勉励行善。

扬人恶 即是恶 疾之甚 祸且作

【译文】宣扬他人的恶行，就是在做恶事；对别人过分指责批评，会给自己招来灾祸。

善相劝 德皆建 过不规 道两亏

【译文】互相劝善，德才共修；有错不能互相规劝，两个人的品德都会亏欠。

凡取与 贵分晓 与宜多 取宜少

【译文】取得或给予财物，贵在分明，该取则取，该予则予；给予宜多，取得宜少。

将加人 先问己 己不欲 即速已

【译文】要求别人做的事情，先反省问自己愿不愿意做，自己不愿意做的事情，应立刻停止要求，不要强求别人去做。

恩欲报 怨欲忘 报怨短 报恩长

【译文】欲报答别人的恩情，就要忘记对别人的怨恨；应该短期抱怨、长期报恩。

待婢仆 身贵端 虽贵端 慈而宽

【译文】 对待婢女和仆人，自己要品行端正、以身作则；虽然品行端正很重要，但是仁慈宽厚更可贵。

势服人 心不然 理服人 方无言

【译文】 仗势逼迫别人服从，对方难免口服而心不服；以理服人，别人才会心悦诚服。

亲仁

同是人 类不齐 流俗众 仁者稀

【译文】 同样是人，善恶正邪，心智高低，良莠不齐；流于世俗的人众多，仁义博爱的人稀少。

果仁者 人多畏 言不讳 色不媚

【译文】 如果有一位仁德的人出现，大家自然敬畏他；他直言不讳，不会察色献媚。

能亲仁 无限好 德日进 过日少

【译文】 能够亲近有仁德的人，向他学习，是无限好的事情；他会使我们的德行与日俱增，过错逐日减少。

不亲仁 无限害 小人进 百事坏

【译文】 不肯亲近仁义君子，就会有无穷的祸害；奸邪小人就会乘虚而入，影响我们，导致整个人生的失败。

余力学文

不力行 但学文 长浮华 成何人

【译文】不能身体力行入则孝、出则弟、谨而信、泛爱众、而亲仁，纵有知识，也只是增长自己华而不实的习气，变成一个不切实际的人。

但力行 不学文 任己见 昧理真

【译文】只是身体力行，不肯读书学习，就容易依着自己的偏见做事，也会看不到真理。

读书法 有三到 心眼口 信皆要

【译文】读书的方法有三到：眼到、口到、心到，三者缺一不可。

方读此 勿慕彼 此未终 彼勿起

【译文】做学问要专一，不能一门学问没明白，又想做其他学问。

宽为限 紧用功 工夫到 滞塞通

【译文】读书计划要有宽限，用功要加紧；用功到了，学问就通了。

心有疑 随札记 就人问 求确义

【译文】不懂的问题，记下笔记，向良师益友请教，求的正确答案。

房室清 墙壁净 几案洁 笔砚正

【译文】房间整洁，墙壁干净，书桌清洁，笔墨整齐。

墨磨偏 心不端 字不敬 心先病

【译文】墨磨偏了，心思不正，写字就不工整，心绪就不好了。

列典籍 有定处 读看毕 还原处

【译文】 书架取书，读完之后，放归原处。

虽有急 卷束齐 有缺损 就补之

【译文】 虽有急事，也要把书本收好再离开，有缺损就要修补。

非圣书 屏勿视 蔽聪明 坏心志

【译文】 不良书刊，摒弃不看，以免蒙蔽智慧和坏了心志。

勿自暴 勿自弃 圣与贤 可驯致

【译文】 遇到挫折，不要自暴自弃，通过身体力行圣贤的训诫，就可以达到圣贤的境界。

第二章　中国文学的源头——古诗

《诗经》是先秦诗歌的代表之一。到了汉代，出现了乐府诗和文人五言诗，尤其《古诗十九首》，标志着文人五言诗的成熟。

第一节　《诗经》（选读）

《诗经》以《国风》为代表，并因其明快朴素的语言、温柔敦厚的情感，被后世尊崇为五经之首。

葛覃

——《诗经·国风·周南》

葛之覃兮，施于中谷，维叶萋萋。黄鸟于飞，集于灌木，其鸣喈喈（jiē jiē）。

葛之覃兮，施于中谷，维叶莫莫。是刈（yì）是濩（huò），为絺（chī）为绤（xì），服之无斁。

言告师氏，言告言归。薄污我私，薄浣我衣。害浣害否？归宁父母。

【译文】

葛草长得长又长，漫山遍谷都有它，藤叶茂密又繁盛。黄鹂上下在飞翔，飞落栖息灌木上，鸣叫婉转声清丽。

葛草长得长又长，漫山遍谷都有它，藤叶茂密又繁盛。割藤蒸煮织麻忙，织细布啊织粗布，做衣穿着不厌弃。

告诉管家心里话，说我心想回娘家。快把内衣洗干净。洗和不洗分清楚，回娘家去看父母。

硕鼠
——《诗经·国风·魏风》

硕鼠硕鼠，无食我黍！三岁贯女，莫我肯顾。逝将去女，适彼乐土。乐土乐土，爰得我所。

硕鼠硕鼠，无食我麦！三岁贯女，莫我肯德。逝将去女，适彼乐国。乐国乐国，爰得我直。

硕鼠硕鼠，无食我苗！三岁贯女，莫我肯劳。逝将去女，适彼乐郊。乐郊乐郊，谁之永号？

【注释】

①硕鼠：大老鼠。一说田鼠。

②无：毋，不要。黍：黍子，也叫黄米，谷类，是重要粮食作物之一。

③三岁：多年。三，非实数。贯：借作"宦"，侍奉。

④逝：通"誓"。去：离开。女：同"汝"。

⑤爰：于是，在此。所：处所。

⑥德：恩惠。

⑦国：域，即地方。

⑧直：王引之《经义述闻》说"当读为职，职亦所也。"一说同值。

⑨劳：慰劳。

⑩之：其，表示诘问语气。号：呼喊。

【译文】

大田鼠呀大田鼠,不许吃我种的黍!多年辛勤伺候你,你却对我不照顾。发誓定要摆脱你,去那乐土有幸福。那乐土啊那乐土,才是我的好去处!

大田鼠呀大田鼠,不许吃我种的麦!多年辛勤伺候你,你却对我不优待。发誓定要摆脱你,去那乐国有仁爱。那乐国啊那乐国,才是我的好所在!

大田鼠呀大田鼠,不许吃我种的苗!多年辛勤伺候你,你却对我不慰劳!发誓定要摆脱你,去那乐郊有欢笑。那乐郊啊那乐郊,谁还悲叹长呼号!

无衣

——《诗经·国风·秦风》

岂曰无衣?与子同袍。王于兴师,修我戈矛。与子同仇!

岂曰无衣?与子同泽。王于兴师,修我矛戟。与子偕作!

岂曰无衣?与子同裳。王于兴师,修我甲兵。与子偕行!

【注释】

①袍:长袍,即今之斗篷。

②王:此指秦君。一说指周天子。于:语助词。兴师:起兵。

③同仇:共同对敌。

④泽:通"襗",内衣,如今之汗衫。

⑤作:起。

⑥裳:下衣,此指战裙。

⑦甲兵:铠甲与兵器。

⑧行:往。

【译文】

谁说我们没衣穿?与你同穿那长袍。君王发兵去交战,修整我那戈与矛,杀敌与你同目标。

　　谁说我们没衣穿？与你同穿那内衣。君王发兵去交战，修整我那矛与戟，出发与你在一起。

　　谁说我们没衣穿？与你同穿那战裙。君王发兵去交战，修整甲胄与刀兵，杀敌与你共前进。

木瓜

——《诗经·国风·卫风》

投我以木瓜，报之以琼琚。匪报也，永以为好也！

投我以木桃，报之以琼瑶。匪报也，永以为好也！

投我以木李，报之以琼玖。匪报也，永以为好也！

【注释】

①琼琚（qióng jū）、琼瑶（qióngyáo）、琼玖（qióngjiǔ）：美玉、美石的通称。

②匪（fěi）：非。

【译文】

你送我一个木瓜，我回送你一枚佩玉。这不只是回赠，而是为了永远友好。

你送我一个桃子，我回送你一块美石。这不只是回赠，而是为了永远友好。

你送我一个李子，我回送你黑色美玉。这不只是回赠，而是为了永远友好。

扩展学习

知我者，谓我心忧；不知我者，谓我何求。悠悠苍天，此何人哉！

——《国风·王风·黍离》

它山之石，可以攻玉。

——《小雅·鸿雁之什·鹤鸣》

靡不有初，鲜克有终。

——《大雅·荡之什·荡》

高山仰止，景行行止。

——《小雅·甫田之什·车辖》

战战兢兢，如临深渊，如履薄冰。

——《小雅·节南山之什·小旻》

昔我往矣，杨柳依依。今我来思，雨雪霏霏。

——《小雅·鹿鸣之什·采薇》

第二节　汉乐府

《陌上桑》是一篇立意严肃、笔调诙谐的著名乐府叙事诗。

陌上桑

日出东南隅，照我秦氏楼。秦氏有好女，自名为罗敷。

罗敷善蚕桑，采桑城南隅。青丝为笼系，桂枝为笼钩。头上倭堕髻，耳中明月珠。缃绮为下裙，紫绮为上襦。行者见罗敷，下担捋髭须。少年见罗敷，脱帽着帩头。耕者忘其犁，锄者忘其锄。来归相怨怒，但坐观罗敷。

使君从南来，五马立踟蹰。使君遣吏往，问是谁家姝？"秦氏有好女，自名为罗敷。""罗敷年几何？""二十尚不足，十五颇有余"。使君谢罗敷："宁可共载不？"

罗敷前致辞："使君一何愚！使君自有妇，罗敷自有夫。""东方千余骑，夫婿居上头。何用识夫婿？白马从骊驹。青丝系马尾，黄金络马头。腰中鹿卢剑，可值千万余。十五府小吏，二十朝大夫，三十侍中郎，四十专城居。为人洁白皙，鬑鬑颇有须。盈盈公府步，冉冉府中趋。坐中数千人，皆言夫婿殊。"

【注释】

①隅（yú）：方位、角落。

②笼系（xì）：用黑色的丝做篮子上的络绳。

③倭（wō）堕（duò）髻：即堕马髻，发髻偏在一边，呈坠落状。

④缃绮（xiāng qǐ）：有花纹的浅黄色的丝织品。

⑤襦（rú）：短袄。

⑥捋髭（zī）须：抚摸着胡须。捋，抚摸。髭，嘴唇上方的胡须。须，下巴上长的胡子。

⑦着帩（zhuó qiào）头：把帽子脱下，只戴着纱巾。古代男子戴帽，先用头巾把发束好，然后戴帽。着，戴。帩头，古代男子束发的头巾。

⑧不（fǒu）：通"否"。

⑨鬑鬑（lián）：胡须稀疏而长，须发疏薄的样子。白面有须，是古时候美男子的标准。

⑩公府步：摆官派，踱方步。

【译文】

太阳从东南方升起，照到我们秦家的小楼。秦家有位美丽的少女，自家取名叫罗敷。罗敷善于养蚕采桑，（有一天在）城南边侧采桑。用青丝做篮子上的络绳，用桂树枝做篮子上的提柄。头上梳着堕马髻，耳朵上戴着宝珠做的耳环；浅黄色有花纹的丝绸做成下裙，紫色的绫子做成上身短袄。走路的人看见罗敷，放下担子捋着胡子（注视她）。年轻人看见罗敷，禁不住脱帽重整头巾，希望引起罗敷对自己的注意。耕地的人忘记了自己在犁地，锄地的人忘记了自己在锄地；以至于农活都没有干完，回来后相互埋怨，只是因为仔细看了罗敷的美貌。

太守乘车从南边来到这，拉车的五匹马停下来徘徊不前。太守派遣小吏过去，问这是谁家美丽的女子。小吏回答："是秦家的女儿，自家起名叫做罗敷。"太守又问："罗敷多少岁了？"小吏回答："还不到二十岁，但已经过了十五了。"太守请问罗敷："愿意与我一起乘车吗？"

罗敷上前回话："太守你怎么这样愚蠢！太守你已经有妻子了，罗敷我也已经有丈夫了！（丈夫当官）在东方，随从人马一千多，他排列在最前头。怎么识别我丈夫呢？骑白马后面跟随小黑马的那个大官就是，用青丝拴着马尾，那马头上戴着金黄色的笼头；腰中佩着鹿卢剑，宝剑可以值上千上万钱，十五岁在太守府做小吏，二十岁在朝廷里做大夫，三十岁做皇上的侍中郎，四十岁成为一城之主。他皮肤洁白，有一些胡子；他轻缓地在府中迈方步，从容地出入官府。（太守座中聚会时）在座的有几千人，都说我丈夫出色。"

江南

江南可采莲，莲叶何田田。鱼戏莲叶间，鱼戏莲叶东，鱼戏莲叶西，鱼戏莲叶南，鱼戏莲叶北。

【译文】

在江南可以采莲的季节，莲叶是多么的劲秀挺拔。鱼儿们在莲叶之间嬉戏，一会儿嬉戏在莲叶东面，一会儿嬉戏在莲叶西面，一会儿嬉戏在莲叶南面，一会儿嬉戏在莲叶北面。

第三节　古诗十九首（选读）

《古诗十九首》，组诗名，是乐府古诗文人化的显著标志。

行行重行行

行行重行行，与君生别离。

相去万余里，各在天一涯；

道路阻且长，会面安可知？

胡马依北风，越鸟巢南枝。

相去日已远，衣带日已缓；

浮云蔽白日，游子不顾反。

思君令人老，岁月忽已晚。

弃捐勿复道，努力加餐饭！

【译文】

你走啊走啊老是不停地走，就这样活生生分开了你我。

从此你我之间相距千万里，我在天这头你就在天那头。

路途那样艰险又那样遥远，要见面可知道是什么时候？

北马南来仍然依恋着北风，南鸟北飞筑巢还在南枝头。

彼此分离的时间越长越久，衣服越发宽大人越发消瘦。

飘荡游云遮住了太阳，他乡的游子不想回还。

只因为想你使我都变老了，又是一年很快地到了年关。

还有许多心里话都不说了，只愿你多保重切莫受饥寒。

青青陵上柏

青青陵上柏，磊磊涧中石。

人生天地间，忽如远行客。

斗酒相娱乐，聊厚不为薄。

驱车策驽马，游戏宛与洛。

洛中何郁郁，冠带自相索。

长衢罗夹巷，王侯多第宅。

两宫遥相望，双阙百余尺。

极宴娱心意，戚戚何所迫。

【译文】

陵墓上长得青翠的柏树，溪流里堆聚成堆的石头。

人生长存活在天地之间，就好比远行匆匆的过客。

区区斗酒足以娱乐心意，虽少却胜过豪华的宴席。

驾起破马车驱赶着劣马，照样在宛洛之间游戏着。

洛阳城里是多么的热闹，达官贵人彼此相互探访。

大路边列夹杂着小巷子，随处可见王侯贵族宅第。

南北两个宫殿遥遥相望，两宫的望楼高达百余尺。

达官贵人们虽尽情享乐，却忧愁满面不知何所迫。

西北有高楼

西北有高楼，上与浮云齐。

交疏结绮窗，阿阁三重阶。

上有弦歌声，音响一何悲！

谁能为此曲，无乃杞梁妻。

清商随风发，中曲正徘徊。

一弹再三叹，慷慨有余哀。

不惜歌者苦，但伤知音稀。

愿为双鸿鹄，奋翅起高飞。

【译文】

那西北方有一座高楼矗立眼前，堂皇高耸恰似与浮云齐高。

高楼镂着花纹的木条，交错成绮纹的窗格，四周是高翘的阁檐，阶梯层叠三重。

楼上飘下了弦歌之声，这声音是多么让人悲伤啊！

谁能弹奏这曲子，莫非是那因夫为齐战死而悲恸长哭竟使杞城倾颓的杞梁妻吧？

商声清切而悲伤，随风飘发多凄凉！这悲弦奏到中曲，便渐渐舒徐迟荡回旋。

那琴韵和叹息声中，抚琴坠泪的佳人慷慨哀痛的声息不已。

不叹惜铮铮琴声倾诉声里的痛苦，更悲痛的是对那知音人儿的深情呼唤。

愿我们化作心心相印的鸿鹄，从此结伴高飞，去遨游那无限广阔的蓝天白云！

涉江采芙蓉

涉江采芙蓉,兰泽多芳草。

采之欲遗谁,所思在远道。

还顾望旧乡,长路漫浩浩。

同心而离居,忧伤以终老。

【译文】

踏过江水去采莲花,到兰草生长的沼泽地采兰花。

采了花要送给谁呢?想要送给那远在故乡的爱妻。

回想起故乡的爱妻,却又长路漫漫遥望无边无际。

飘流异乡两地相思,怀念爱妻愁苦忧伤以至终老。

客从远方来

客从远方来,遗我一端绮。

相去万余里,故人心尚尔。

文彩双鸳鸯,裁为合欢被。

著以长相思,缘以结不解。

以胶投漆中,谁能别离此。

【译文】

客人风尘仆仆,从远方送来了一端织有文彩的素缎。

它从万里之外的夫君处捎来,这丝丝缕缕,该包含着夫君对我的无尽关切和惦念之情!

绮缎上面织有文彩的鸳鸯双栖,我要将它做条温暖的合欢被。

床被内须充实以丝绵,被缘边要以丝缕缀。丝绵再长,终究有穷尽之时,缘结不解,终究有松散之日。

唯有胶和漆,黏合固结,再难分离。那么,就让我与夫君像胶和漆一样投合、固结吧,看谁还能将我们分隔?

明月何皎皎

明月何皎皎，照我罗床帏。

忧愁不能寐，揽衣起徘徊。

客行虽云乐，不如早旋归。

出户独彷徨，愁思当告谁！

引领还入房，泪下沾裳衣。

【译文】

明月如此皎洁，照亮了我的床帏；

我忧愁得无法入睡，披衣而起屋内徘徊；

客居在外虽然有趣，但是还是不如早日回家；

一个人出门忧愁彷徨，满心愁苦应该告诉谁呢？

伸颈远望还是只能回到房间，眼泪沾湿了衣裳。

第三章　异彩纷呈的经典——诸子散文

在中国历史上，春秋战国是思想和文化最为辉煌灿烂、群星闪烁的时代之一。中国伟大的思想家大多出现于这个时代，这一时期出现了诸子百家彼此诘难、相互争鸣的盛况和空前的学术局面，其中对中国文化影响深远者以"儒、道、法"三家为最。

春秋战国诸子百家争鸣，儒家只是其中的一派。然而，从孔子的"仁"，孟子的"仁政""王道"到荀子的"义利并重、王霸兼施、礼法兼尊"，儒家学派代代相续，为其他学派所不及。

道家提倡自然无为，提倡与自然和谐相处。道家思想以其独有的宇宙、社会和人生领悟，在哲学思想上呈现出永恒的价值与生命力。

墨家是从儒家分出来的，墨子对儒家学说进行批评和改造，提出"兼爱、非攻"。

诸子的文章，各具风采，以无比辉煌的成就和异常鲜明的风貌，在中国古代文学史上占据了重要的地位。

第一节　孔　　子

孔子，名丘，字仲尼，春秋时期鲁国人，儒家学派的创始人，中国古代的思想家及上古文化之集大成者。孔子一生的主要言行经其弟子和再传弟子整理编成《论语》一书，成为后世儒家学派的经典。

孔子创立的儒家学派，体现其思想的核心理念就是"仁"。在孔子的观念里，"仁"是道德的至高范畴，也是人生的终极目标，每个人均拥有这种道德本质，至于它能否实践出来，就得看自己的意志和毅力了。道德的实践是靠自身内在的动力，人人都能做得到；道德的修养是一辈子的事情，没有间断。孔子所追求的完美人格注重学德兼备。为学方面既要"学而不厌"，又强调思考的重要性；为德方面则要见贤思齐，以"仁"为己任。总的说来，孔子思想中的人生意义是要发扬仁道：对内则"克己复礼"，对外则要爱人。实际上，"仁"就是人际群体间共存的和谐法则，人生的意义便是要守卫着人的道德本质和这种令社会和谐稳定的道。孔子所讨论的仁不是抽象的概念，而是具有浓厚入世的、具有济世主义的道德规范。我们生活的目标，能从个人的忠恕之道扩展到济人利物的广阔胸怀。年轻人的目光，应该聚焦于内在智性和德性的完善和对外、对社会的贡献，从中获得生命的充实满足和心灵的喜悦。由此可见，儒家思想在当今中国乃至世界，依旧具有重大的现实意义。

言必信，行必果。

——《论语·子路篇》

【注释】

①信：说出的事一定可信，说了就一定守信用，一定办到，即恪守信用。

②果：光明正大，不色饶不目逃。该突然袭击的时候事先通告对手，平日不做小动作。

【译文】

说话要守信用，做事要果断。

孔子观念中的"士"，首先是有知耻之心、不辱使命的人，能够担负一定的国家使命。其次是孝敬父母、友爱兄长的人。再次才是"言必行，行必果"的人。

子曰："人而无信，不知其可也。大车无輗，小车无軏，其何以行之哉？"

——《论语·为政篇》

【注释】

①而：如果。信：信誉。

②大车：指牛车。輗（ní）：古代大车车辕和横木相衔接的活销。

③小车：指马车。軏（yuè）：古代小车车辕与横木相连接的销钉。

【译文】

孔子说："一个人如果不讲信誉，真不知他怎么办。就像大车的横木两头没有活键，小车的横木两头少了关扣一样，怎么能行驶呢？"

孔子用一个著名的比喻，阐述了诚实守信的重要性。信，是儒家传统伦理准则之一。孔子认为，信是人立身处世的基石。在《论语》中，信的含义有两种：一是信任，即取得别人的信任；二是对人讲信用。一个良好的社会环境确实应该让不守信的人无法畅行无阻。

人无信不立，不被人信任，或是对别人不讲信用，最后终将陷入孤独的焦灼之中，感觉不到任何的依恃，好比车子没有了铆钉，就不能行走天下。

孔子曰："益者三友，损者三友。友直，友谅，友多闻，益矣。友便辟，友善柔，友便佞，损矣。"

——《论语·季氏》

【注释】

①谅：守信用、诚实。

②便（pián，蹁）辟：惯于走邪道。

③善柔：善于阿谀奉承。

④便（pián，蹁）佞（nìng）：善以言辞取媚于人。

【译文】

孔子说："有益的朋友有三种，有害的朋友也有三种。同正直的人交朋友，同诚实的人交朋友，同见识广博的人交朋友，这是有益的。同惯于走邪道的人交朋友，同善于阿谀奉承的人交朋友，同惯于花言巧语的人交朋友，这是有害的。"

孔子认为交友要结交正直、诚信、博学的朋友，就有益；而结交谄媚、伪善、夸夸其谈的朋友则有害，这是交友时对朋友品性的要求，可以在择友时更谨慎，交到益友。

孔子所讲的交友之道、所提出的标准至今都有非常重要的参考价值。

子曰："君子不重则不威，学则不固。主忠信。无友不如己者。过则勿惮改。"

——《论语·学而篇》

【注释】

①重：庄重、自持。

②学则不固：所学不牢固。与上句联系起来就可理解为，一个人不庄重就没有威严，所学也不牢固。

③主忠信：以忠信为主。

④无：通"毋"，不要的意思。不如己者：指不忠不信的人，"不如己者"是比较委婉的说法。

⑤过：过错、过失。

⑥惮（dàn）：害怕、畏惧。

【译文】

孔子说："一个君子，如果不庄重，就没有威严；即使读书，所学也不牢固。行事应当以忠和信这两种道德为主。不要和不忠不信的人交朋友。有了过错，要不怕改正。"

这里，孔子提出了君子应当庄重大方，才能具有人格的威严，庄重而威严才能认真学习而所学牢固。君子还要慎重交友，还要有过则勿惮改的对待错误和过失的正确态度。这一思想把君子从内到外的修养联系起来，对世人的内外在修养具有重要的指导意义。一个人内心庄严，会反映到气质容颜上来，神态庄重威严、大方得体，就会使人感到稳重可靠，人们自然会加以敬重、信赖。反之，一个人倘若容仪不修、散漫随意、举止轻浮，人们也就会随意待他。故人必自重而后人重之，人必自侮（欺负、轻慢的意思）而后人侮之。

子曰："弟子入则孝，出则弟，谨而信，泛爱众，而亲仁。行有余力，则以学文。"

——《论语·学而篇》

【注释】

①弟子：有二义，一是指年幼之人，弟系对兄而言，子系对父而言；二是指学生。此处取前义。入：古时父子分别住在不同的居处，学习则在外舍。入是入父宫，指进到父亲住处，或说在家。

②出：与"入"相对而言，指外出拜师学习。出则弟，是说要用悌（tì）道对待师长，也可泛指年长于自己的人。

③谨（jǐn）：寡言少语。

④仁：具有仁德的人，即温和、善良的人。此形容词用作名词。

⑤行有余力：有闲暇时间。

⑥文：诗、书、礼、乐等文化知识。

【译文】

孔子说："小孩在父母跟前要孝顺，出外要敬爱师长，说话要谨慎，言而有信，和所有人都友爱相处，亲近那些具有仁爱之心的人。做到这些以后，如果还有剩余的精力，就用来学习文化知识。"

这段话表明了孔子希望培养的理想人格，即达到孝、弟（悌）、谨（慎）、信、泛爱、亲仁、学文七条标准，同时表明孔子的教育以道德教育为中心，重点在育人。孔子重视个人的修养，认为一个人最应该具备的能力首先是爱人的能力。爱人首先要爱父母，再次是爱兄弟，最后是朋友，其次是爱大众、爱人类，这样才能亲近任。能做到这样的人就已经很了不起了。如果尚有余力的话，再去学习文化知识，掌握历史典籍、文献知识，以及历史的经验和现实的实践，这样在生活中就会明白掌握世事的规律，恰当地处理事情，懂得人生的道理，圆满自我的价值。

子曰："为政以德，譬如北辰，居其所而众星共之。"

——《论语·为政篇》

【注释】

①北辰：北极星。

②所：处所，位置。

③共：同"拱"，环绕的意思。

【译文】

孔子说："（国君）以道德教化来治理政事，就会像北极星那样，自己居于自己的方位，而群星就会环绕在他的周围。"

子曰："由，诲女知之乎！知之为知之，不知为不知，是知也。"

——《论语·为政篇》

【注释】

①由：孔子的学生仲由，字子路。

②女：通"汝"，你。

【译文】

孔子说："子路，我教导你在平常的工作生活中怎样做的话，你都记住了吗？知道的就说知道，不知道的就说不知道，这才是明智的人。"

子曰："居上不宽，为礼不敬，临丧不哀，吾何以观之哉？"

——《论语·八佾篇》

【译文】

孔子说："居于执政地位的人，不能宽厚待人，行礼的时候不严肃，参加丧礼也不悲哀，这种情况我怎么能看得下去呢?"

子曰:"知者不惑，仁者不忧，勇者不惧。"

——《论语·子罕篇》

【译文】

孔子说:"聪明智慧的人不会迷惑，实行仁德的人不会忧愁，真正勇敢的人不会畏惧。"

子曰:"君子泰而不骄，小人骄而不泰。"

——《论语·子路篇》

【译文】

孔子说:"君子安静坦然而不傲慢无礼，小人傲慢无礼而不安静坦然。"

"百姓足，君孰与不足?百姓不足，君孰与足?"

——《论语·颜渊篇》

【译文】

如果百姓富足，您怎么会不富足呢?如果百姓不富足，您怎么又会算是真正的富足呢?

子贡问曰:"有一言而可以终身行之者乎?"子曰:"其恕乎!己所不欲，勿施于人。"

——《论语·卫灵公》

【译文】

子贡问道:"有没有可以终身奉行的一个字呢?"孔子说:"那大概就是'恕'字吧!自己不喜欢的事物，不要强行加于别人身上。"

子曰："十室之邑，必有忠信入丘者焉，不如丘之好学也。"

——《论语·公冶长》

【译文】

孔子说："就是在只有十户人家的小地方，一定有像我这样既忠心又守信的人，只是赶不上我这样好学罢了。"

孔子以自身成就为例，强调了学习的重要性。他认为自己忠信的资质与常人一样，只是因为自己好学，所以能异于常人，故也是在勉励人们要有好学的精神。孔子自称好学，并无自夸之意，他曾经表示自己不是"生而知之者"，必须努力学习才有所得。一般人中，有能做到忠信的，但很少有能做到好学不倦的，孔子唯因好学不倦，才成为博学多闻之人。

扩展学习

"半部《论语》治天下"则典出宋朝开国宰相赵普。赵普是宋朝有名的政治家，他曾辅佐赵匡胤策划陈桥兵变，并在赵匡胤夺取政权后出任朝廷宰相。宋太祖多次采纳他的建议，太宗时又两次为相。他虽然是治世能臣，但平生所读仅《论语》而已。太宗曾就此事询问他，赵普直言以告："我平生的学问哪有那么多？只有半部而已。当初我用半部《论语》辅佐太祖皇帝平定天下，现在打算仍用这半部辅佐陛下达到天下太平。"这个典故也反映出《论语》一书的重要价值，《论语》思想内涵丰富、伦理精辟，对社会的政治思想的形成具有深远的影响。

第二节 孟 子

孟子是孔门后学中较为杰出的继承者之一。

鱼我所欲也

孟子曰："鱼，我所欲也，熊掌，亦我所欲也；二者不可得兼，舍鱼而取熊掌者也。生，亦我所欲也，义，亦我所欲也；二者不可得兼，舍生而取义者也。生亦我所欲，所欲有甚于生者，故不为苟得也；死亦我所恶，所恶有甚于死者，故患有所不辟①也。如使②人之所欲莫甚于生，则凡可以得生者，何不用也？使人之所恶莫甚于死者，则凡可以辟患者，何不为③也？由是则生而有不用也④，由是则可以辟患而有不为也，是故所欲有甚于生者，所恶有甚于死者。非独⑤贤者⑥有是心⑦也，人皆有之，贤者能勿丧⑧耳。""一箪⑨食，一豆⑩羹，得之则生，弗得则死。呼尔而与之，行道之人弗受；蹴尔而与之，乞人不屑也。万钟⑪则不辨礼义而受之，万钟于我何加焉？为宫室之美、妻妾之奉、所识穷乏者得⑫我与？乡为身死而不受，今为宫室之美为之；乡为身死而不受，今为妻妾之奉为之；乡为身死而不受，今为所识穷乏者得我而为之：是亦不可以已⑬乎？此之谓失其本心⑭。"

【注释】

①辟：通"避"，躲避。

②如使：假如，假使。

③何不为：什么手段不可用呢？

④由是则生而有不用也：通过某种方法就可以得到生存，但是有人不用它。由是，按照这种方法。是，指示代词，指某种办法。

⑤非独：不只，不仅。

⑥贤者：有才德、有贤能的人。

⑦心：思想。

⑧勿丧：不丧失。

⑨箪：古代盛食物的圆竹器。

⑩豆：古代一种木制的盛食物的器具。

⑪万钟：这里指高位厚禄。钟，古代的一种量器，六斛四斗为一钟。

⑫得：通"德"，感激。

⑬已：停止，放弃。

⑭本心：本性，本来的思想，即指"义"。

【译文】

孟子说："鱼是我所追求的，熊掌也是我所追求的，这两种东西不能够同时得到的话，那么只有舍弃鱼而选择熊掌了。生命是我所追求的，大义也是我所追求的，这两种东西不能够同时得到的话，那么舍弃生命而选择大义了。生命是我所追求的，但我所喜欢的还有胜过生命的东西，所以我不做苟且偷生的事；死亡是我所厌恶的，但我所厌恶的事还有比死亡更严重的事，所以有的灾祸我不躲避。如果人们所追求的东西没有超过生命的，那么凡是能够用来求得生存的手段，有什么手段不能采用的呢？如果人们所厌恶的事情没有比死亡更可怕的，那么凡是能够用来逃避灾祸的，有什么方法不能采用的呢？采用这种方法就能够生存下来，这样看来，有这种方法却不采用；采用这种办法就能够躲避灾祸，这样看来，有这种方法却不采用。那是因为他们所追求的，有比生命更宝贵的东西（那就是'大义'）；他们所厌恶的，有比死亡更厉害的事（那就是'不义'），不仅贤人有这样的本性，人人都有，不过贤人能够不丧失罢了。

一筐饭，一碗汤，得到了就可活下去，得不到就会饿死。可是没有礼貌地吆喝着给别人吃，四处游历的人不肯接受；用脚踢着（或踩过）给别人吃，乞丐也因被轻视而不肯接受。如果见了高位厚禄不分辨是否合乎礼义就接受了，这样，优厚的俸禄对我有什么好处！是为了住宅的华丽、妻妾的侍奉和熟识的穷人感激我吗？先前（有人为了道义）宁肯死也不愿接受（因得好处而丧义），现在（有人）为了住宅的华丽却接受了（好处）；先前（有人为了道义）宁肯死也不愿接受，现在（有人）为了妻子与妾的侍奉却接受了；先前（有人为了道义）宁肯死也不愿接受，现在（有人）为了熟识的穷人感激自己却接受了。这种做法不也是可以停止而不做吗？（如果这样做了，）这种做法就是丧失了天性。"

养心莫善于寡欲

孟子曰:"养心莫善于寡欲。其为人也寡欲,虽有不存焉者,寡矣;其为人也多欲,虽有存焉者,寡矣。"

【译文】

孟子说:"修养心性的最好办法是减少欲望。一个人如果欲望很少,即便本性有所失去,那也是很少的;一个人如果欲望很多,即便本性还有所保留,那也是很少的了。"

登东山而小鲁

孟子曰:"孔子登东山而小鲁,登泰山而小天下,故观于海者难为水,游于圣人之门者难为言。观水有术,必观其澜。日月有明,容光必照焉。流水之为物也,不盈科不行;君子之志于道也,不成章不达。"

【译文】

孟子说:"孔子登上东山,就觉得鲁国变小了;登上泰山,就觉得整个天下都变小了。所以,观看过大海的人,便难以被其他水所吸引了;在圣人门下学习过的人,便难以被其他言论所吸引了。观看水有一定的方法,一定要观看它壮阔的波澜。太阳、月亮有光辉,不放过每条小缝隙;流水有规律,不把坑坑洼洼填满不向前流;君子立志于道,不到一定的程度不能通达。"

寡人之于国也

梁惠王曰:"寡人之于国也,尽心焉耳矣。河内凶,则移其民于河东,移其粟于河内。河东凶亦然。察邻国之政,无如寡人之用心者。邻国之民不加少,寡人之民不加多,何也?"

孟子对曰:"王好战,请以战喻。填然鼓之,兵刃既接,弃甲曳兵而走。或百步而后止,或五十步而后止。以五十步笑百步,则何如?"

曰:"不可。直不百步耳,是亦走也。"

曰:"王如知此,则无望民之多于邻国也。"

"不违农时,谷不可胜食也;数罟不入洿池,鱼鳖不可胜食也;斧斤以时入山林,材木不可胜用也。谷与鱼鳖不可胜食,材木不可胜用,是使民养生丧死无憾也。养生丧死无憾,王道之始也。"

"五亩之宅,树之以桑,五十者可以衣帛矣。鸡豚狗彘之畜,无失其时,七十者可以食肉矣。百亩之田,勿夺其时,数口之家可以无饥矣。谨庠序之教,申之以孝悌之义,颁白者不负戴于道路矣。七十者衣帛食肉,黎民不饥不寒,然而不王者,未之有也。"

"狗彘食人食而不知检,涂有饿莩而不知发。人死,则曰:'非我也,岁也。'是何异于刺人而杀之,曰:'非我也,兵也。'王无罪岁,斯天下之民至焉。"

【译文】

梁惠王说:"我治理梁国,真是费尽心力了。河内地方遭了饥荒,我便把那里的百姓迁移到河东,同时把河东的粮食运到河内。河东遭了饥荒,也这样办。我曾经考察过邻国的政事,没有谁能像我这样尽心的。可是,邻国的百姓并不因此减少,我的百姓并不因此增加,这是什么缘故呢?"

孟子回答说:"大王喜欢战争,那就请让我用战争打个比喻吧。战鼓咚咚敲响,枪尖刀锋刚一接触,有些士兵就抛下盔甲,拖着兵器向后逃跑。有的人跑了一百步停住脚,有的人跑了五十步停住脚。那些跑了五十步的士兵,竟耻笑跑了一百步的士兵,可以吗?"惠王说:"不可以。只不过他们没有跑到一百步罢了,但这也是逃跑呀。"孟子说:"大王如果懂得这个道理,那就不要希望百姓比邻国多了。如果兵役徭役不妨害农业生产的季节,粮食便会吃不完;如果细密的渔网不到深的池沼里去捕鱼,鱼鳖就会吃不光;如果按季节拿着斧头入山砍伐树木,木材就会用不尽。粮食和鱼鳖吃不完,木材用不尽,那么百姓便对生养死葬没有什么遗憾。百姓对生养死葬都没有遗憾,就是王道的开端了。分给百姓五亩大的宅园,种植桑树,那么,五十岁以上的人都可以穿丝绸了。鸡狗和猪等家畜,百姓能够适时饲养,那么,七十岁以上的老人都可以吃肉了。每家人有百亩的耕地,官府不去妨碍他们的生产季节，那么，几口人的家庭可以不挨饿了。认真地办好学校，反复地用孝顺父母、尊敬兄长的大道理教导老百姓，那么，须发花白的老人也就不会自己背负或顶着重物在路上行走了。七十岁以上的人有丝绸穿，有肉吃，普通百姓饿不着、冻不着，这样还不能实行王道，是从来不曾有过的事。现在的梁国呢，富贵人家的猪狗吃掉了百姓的粮食，却不约束制止；道路上有饿死的人，却不打开粮仓赈救。老百姓死了，竟然说：'这不是我的罪过，而是由于年成不好。'这种说法和拿着刀子杀死了人，却说'这不是我杀的，而是兵器杀的'，又有什么不同呢？大王如果不归罪到年成，那么天下的老百姓就会投奔到梁国来了。"

天时不如地利，地利不如人和

天时①不如地利，地利②不如人和③。三里之城④，七里之郭⑤，环⑥而攻之而不胜。夫环而攻之，必有得天时者矣；然而⑦不胜者，是天时不如地利也。城非不高也，池⑧非不深也，兵革⑨非不坚利也，米粟非不多也，委⑩而去⑪之，是地利不如人和也。故曰："域⑫民不以封疆⑬之界，固⑭国不以山溪⑮之险，威天下不以兵革之利。得道⑯者多助，失道⑰者寡助；寡助之至⑱，亲戚畔⑲之；多助之至，天下顺之。以天下之所顺，攻亲戚之所畔，故⑳君子有㉑不战，战必胜矣。"

——《孟子·公孙丑下》

【注释】

①天时：指适宜作战的时令、气候。

②地利：指适宜作战的地理形势。

③人和：得人心，上下团结。

④三里之城，七里之郭：内城三里，外城七里。

⑤郭：外城。

⑥环：包围。

⑦然而：既然这样，那么。

⑧池：即护城河。

⑨兵革：泛指武器装备。兵，武器；革，甲胄，用以护身的盔甲之类。

⑩委：放弃。

⑪去：离开。

⑫域：这里用作动词，是限制的意思。

⑬封：划定的边疆界线。

⑭固：巩固。

⑮山溪：地势。

⑯得道：实施仁政的君主。

⑰失道：不实施仁政的君主。

⑱至：极点。

⑲畔：通"叛"，背叛。

⑳故：所以。

㉑有：或，要么。

【译文】

有利于作战的时令、气候比不上有利于作战的地形（重要），有利于作战的地形比不上人心所向、上下团结（重要）。周围三里的城，七里高，（敌人）围起来攻打它却不能取胜。（敌人既然）围起来攻打它，必定有适宜作战的时令、气候的条件；但是还不能取胜，这是有利于作战的时令、气候比不上有利于作战的地形。（守城的）城墙不是不高，护城河不是不深，武器不是不锐利，装备盔甲不是不坚固，粮食不是不多；但守城者抛弃城池离开了它，这是有利于作战的地形比不上人心所向、上下团结。所以说，限制百姓的流动不能靠划定的边疆界线，巩固国防不能依靠山川河流的险要，在天下建立威信不能靠武器装备的坚固锐利。能够施行仁政的君主，帮助他的人就多；不能够施行仁政的君主，帮助他的人就少。帮助他的人少达到极点，（连）骨肉至亲（也会）背叛他；帮助他的人多达到极点，天下的人都会服从他。凭借天下人都顺从的力量，去攻打被骨肉至亲背叛的人。所以得道的君子不去打仗就罢了,若进行战争,则必定胜利。

第三节 荀 子

荀子集诸子百家之大成,成为春秋战国时期思想理论的品读者和总结者。荀子具有朴素的唯物主义思想,主张自然界的运行是不以人的意志为转移的,但人也可以发挥主观能动性去改造自然,即"制天命而用之"。他认为人性本恶,主张"性恶论",但是可以凭借后天教育使人由恶变善。

荀子重视礼(人的行为规范)和人的作用,强调后天教育教人向善,这也是"仁"的一种延伸。

劝学(节选)

君子曰:学不可以已。青,取之于蓝,而青于蓝;冰,水为之,而寒于水。木直中绳,以为轮,其曲中规。虽有槁暴,不复挺者,使之然也。故木受绳则直,金就砺则利,君子博学而日参省乎己,则知明而行无过矣。

吾尝终日而思矣,不如须臾之所学也;吾尝跂而望矣,不如登高之博见也。登高而招,臂非加长也,而见者远。顺风而呼,声非加疾也,而闻者彰。假舆马者,非利足也,而致千里;假舟楫者,非能水也,而绝江河。君子生非异也,善假于物也。

积土成山,风雨兴焉;积水成渊,蛟龙生焉;积善成德,而神明自得,圣心备焉。故不积跬步,无以至千里;不积小流,无以成江海。骐骥一跃,不能十步;驽马十驾,功在不舍。锲而舍之,朽木不折;锲而不舍,金石可镂。蚓无爪牙之利,筋骨之强,上食埃土,下饮黄泉,用心一也。蟹六跪而二螯,非蛇鳝之穴无可寄托者,用心躁也。

【译文】

君子说:学习不可以停止的。譬如靛青这种染料是从蓝草里提取的,然而却比蓝草的颜色更青;冰块是冷水凝结而成的,然而却比水更寒冷。木材笔直,合乎墨线,但是(用火萃取）使它弯曲成车轮，（那么）木材的弯度（就）合乎（圆到）如圆规画的一般的标准了，即使又晒干了，（木材）也不会再挺直，用火萃取使它成为这样的。所以木材经墨线比量过就变得笔直，金属制的刀剑拿到磨刀石上去磨就能变得锋利，君子广博地学习，并且每天检验反省自己，那么他就会智慧明理并且行为没有过错了。因此，不登上高山，就不知天多么高；不面临深涧，就不知道地多么厚；不懂得先代帝王的遗教，就不知道学问的博大。干越夷貉之人，刚生下来啼哭的声音是一样的，而长大后风俗习性却不相同，这是教育使之如此。《诗经》上说："你这个君子啊，不要总是贪图安逸。恭谨对待你的本职，爱好正直的德行。神明听到这一切，就会赐给你洪福祥瑞。"精神修养没有比受道德熏陶感染更大了，福分没有比无灾无祸更长远了。

我曾经一天到晚地冥思苦想，（却）比不上片刻学到的知识（收获大）；我曾经踮起脚向远处望，（却）不如登到高处见得广。登到高处招手，手臂并没有加长，可是远处的人却能看见；顺着风喊，声音并没有加大，可是听的人却能听得很清楚。借助车马的人，并不是脚走得快，却可以达到千里之外，借助舟船的人，并不善于游泳，却可以横渡长江黄河。君子的资质秉性跟一般人没什么不同，（只是君子）善于借助外物罢了。

堆积土石成了高山，风雨就从这里兴起了；汇积水流成为深渊，蛟龙就从这里产生了；积累善行养成高尚的品德，自然会心智澄明，也就具有了圣人的精神境界。所以不积累一步半步的行程，就没有办法达到千里之远；不积累细小的流水，就没有办法汇成江河大海。骏马一跨越，也不足十步远；劣马拉车走十天，（也能到达，）它的成绩来源于走个不停。（如果）刻几下就停下来了，（那么）腐烂的木头也刻不断。（如果）不停地刻下去，（那么）金石也能雕刻成功。蚯蚓没有锐利的爪子和牙齿，强健的筋骨，却能向上吃到泥土，向下可以喝到土壤里的水，这是由于它用心专一啊。螃蟹有六条腿，两个蟹钳，（但是）如果没有蛇、鳝的洞穴它就无处存身，这是因为它用心浮躁啊。

第四节 老 庄

老庄哲学的魅力，不仅在于它为人类的发展进步提供了有益的理念和借鉴，而且有助于使人类的精神从社会的重压下得到解脱，归于恬静与充实。

"无为"是老子的思想精髓，而后庄子对老子的"无为"进行了继承和拓展。"道"是老子哲学的中心思想，而"无为"是"道"的形而下的体现。"道"的本质即顺应自然而为，以自然为本，要让自然事物按其自身规律去运动，而不要人为地去妄加干涉。老子的"无为"是不妄为，其特征是超越世俗的有为而最终复归于有所为而有所不为的"道"。老子认为，人应当学习了解万事万物发展演变的自然规律，顺应事物的本性，融入事物规律中；要求人们追求返璞归真的生活之道，减少对物的贪欲，以求快乐。庄子继承了老子的"无为"思想，培养心性的"无为"，实现人内心世界与自然外物的融合，进而追求个人精神境界的逍遥。

道德经（节选）

小国寡民，使民有什伯之器而不用，使民重死而不远徙。虽有舟舆，无所乘之。虽有甲兵，无所陈之。使民复结绳而用之。至治之极。甘其食，美其服，安其居，乐其俗。邻国相望，鸡犬之声相闻，民至老死不相往来。

《道德经·第八十章》

【译文】

治理土地小、人民少的国家首先要珍视人民，人民不是被用来作奴隶，也不是被武装起来去打仗，这样子的话即使有各种各样的器具也用不上了。使老百姓重视自己的生命，也不会背井离乡，迁徙远方。即使有船和车子，也没有地方要乘坐它，因为没有人要远走他乡去避难。即使有铠甲和兵器，也没有地方要陈放它，因为没人用它去打仗与消耗它。让百姓恢复天真善良的纯朴本性。国富民强到了鼎盛时代。人人恬淡寡欲，使人民有甘甜美味的饮食、华丽的衣服、安适的住所、欢乐的风俗，即使两国人民相处得很近，交往密切到连鸡狗的叫声都混在一起，却从来不发生战争与摩擦。

道生一，一生二，二生三，三生万物。万物负阴而抱阳，冲气以为和。

【译文】

在道的作用下，世界从一片混沌状态，逐渐演化成了万物。万物都有阴阳两种属性，并且背负阴而拥抱阳。这两种属性的力量相互作用、相互制约，最后达到和谐稳定。

居善地，心善渊，与善仁，言善信，正善治，事善能，动善时。

——《道德经·第八章》

【注释】

①地：低下、卑下的意思。

②渊：深沉冷漠。

③信：信义。

④正：平正、正当。

⑤能：能力。

⑥时：时机。

【译文】

品德高尚的人，选择居处像水一样善于避高就低，胸怀像水一样善于保持沉静，交友像水一样善于与人亲爱，说话像水一样遵守信用，为政像水一样善于简洁清明，处事像水一样无所不能，行动像水一样善于随时应变。

老子声称，拥有最高德行的人就如同水一样，具有宽广的胸怀、谦逊的品格、与世无争的情操、宽厚诚实的作风，这些最接近大道的本质，是人类最应效仿的德行。具体地讲也就是心胸要像水渊一样，宽广无边、清湛悠然；要像水的流势一样，谦虚卑下，不可处处与人争高低，要择地而居。对人要亲切自然，以诚相待，老实厚道，宁愿被人欺也绝不欺人。为人处世重诺守信，如同潮汐一般，起落守时。

信不足焉，有不信焉。

——《道德经·第十七章》

【译文】

统治者的诚信不足，人民自然不会相信他。

老子主要论述统治者治理国家的问题，他主张无为而治，无为的真正内涵是无不为，只有达到了这一境界，国家才能安定，人民才能富足。

是以大丈夫处其厚不居其薄（báo），处其实不居其华。故去彼取此。

——《道德经·第三十八章》

【注释】

①处其厚：立身敦厚朴实。

②大丈夫：不是今天说的有气魄的男子，指的是忠信守道的人，就如"圣人"。

【译文】

因此，忠信守道的人立世，为人当敦厚而不轻薄，实在而不虚华。所以应当舍弃轻薄虚华而采取朴实敦厚。

这是老子《道德经》的第二部分——《德经》。意思为，具有最大德性的人，根本就没有德与不德的概念，所以在别人看来，他的行为才是合乎道德的。也就是说，大道无言无名，大德同样也无言无名。一旦有名，那就进入了后天的分别之中，而具有分别心的人就是凡夫俗子。所以，那些具有下德的人，把道德看得很重，生怕失去了道德，做什么事情都要用道德去衡量。这样一来，他所做的事情也就没有真正的道德了。

信者吾信之，不信者吾亦信之，德信。

——《道德经·第四十九章》

【注释】

此处的"信"是守信用的意思。

【译文】

守信的人我信任他，不守信的人我也信任他，这样一个时代的品德将同归于诚信了。

"善者吾善之，不善者吾亦善之，德善；信者吾信之，不信者吾亦信之，德信。"对圣人来说，他们善待善良的人，他们也善待不善良的人，这也就得了善良；他们信任守信的人，他们也信任不守信的人，这也便得到了信誉。

信言不美，美言不信。

——《道德经·第八十一章》

【注释】

①信言：真实可信的话。

②美言：赞美、夸饰之辞。

【译文】

真实可信的言语不华美，华美的言语不可信。

真正善良的人，绝不会与人争论是非，对自己的所作所为和功过是非不进行争辩，他们虽表现木讷但是非分明，虽看似愚钝但心如明镜，他们不善于论人，也不善于为自己争辩，一切尽在不言中。老子称这些不善于用花言巧语来争辩的人是完善的，其本质也是善良的。

逍遥游（节选）

惠子谓庄子曰："吾有大树，人谓之樗。其大本拥肿而不中绳墨，其小枝卷曲而不中规矩，立之涂，匠者不顾。今子之言，大而无用，众所同去也。"庄子曰："子独不见狸狌乎？卑身而伏，以候敖者；东西跳梁，不辟高下；中于机辟，死于罔罟。今夫斄牛，其大若垂天之云。此能为大矣，而不能执鼠。今子有大树，患其无用，何不树之于无何有之乡，广莫之野，彷徨乎无为其侧，逍遥乎寝卧其下。不夭斤斧，物无害者。无所可用，安所困苦哉！"

【注释】

①庄子（约公元前369—公元前286），名周，字子休，道教祖师，号南华真人，道教四大真人之一，战国中期宋国蒙人；战国中期道家学派的代表人物，著名的思想家、哲学家和文学家；老子思想的继承和发展者，后世将他与老子并称为"老庄"。他们的哲学思想体系，被思想学术界尊为"老庄哲学"。代表作品为《庄子》《逍遥游》《齐物论》等。

②樗（chū）：一种高大的落叶乔木，但木质粗劣不可用。

③其大本拥肿而不中绳墨：它的树干粗大，不符合绳墨取直的要求。大本，树干粗大。拥肿，今写作"臃肿"，这里形容树干弯曲、疙里疙瘩。中（zhòng），符合。绳墨，木工用以求直的墨线。

④涂：通作"途"，道路。

⑤卑：低。

⑥敖：通"遨"，遨游。

⑦辟：避开，这个意义后来写作"避"。

⑧机辟：捕兽的机关陷阱。

⑨罔罟（gǔ）：网。罔，网。罟，网的总称。

⑩斄（lí）牛：牦牛。

⑪斤：伐木之斧。

【译文】

惠子对庄子说："我有一棵大树，人们都叫它'樗'。它的树干粗糙，不符合绳墨取直的要求，它的树枝弯曲，也不适应圆规和角尺取材的需要。虽然生长在道路旁，木匠连看也不看，大而无用，大家都鄙弃它。"庄子说："先生你没看见过野猫和黄鼠狼吗？低着身子匍匐于地，等待那些出洞觅食或游乐的小动物。一会儿东，一会儿西，跳来跳去，一会儿高，一会儿低，上下窜越，不曾想到落入猎人设下的机关，死于猎网之中。再有那斄牛，庞大的身体就像天边的云，它的本事可大了，不过不能捕捉老鼠。如今你有这么大一棵树，却担忧它没有什么用处，怎么不把它栽种在什么也没有生长的地方，栽种在无边无际的旷野里，悠然自得地徘徊于树旁，悠闲自在地躺卧于树下。大树不会遭到刀斧砍伐，也没有什么东西会去伤害它。虽然没有派上什么用场，可是哪里又会有什么困苦呢？"

逍遥游

北冥（míng）有鱼，其名为鲲（kūn）。鲲之大，不知其几千里也。化而为鸟，其名为鹏。鹏之背，不知其几千里也；怒而飞，其翼若垂天之云。是鸟也，海运则将徙（xǐ）于南冥。南冥者，天池也。《齐谐》者，志怪者也。《谐》之言曰："鹏之徙于南冥也，水击三千里，抟（tuán）扶摇而上者九万里，去以六月息者也。"野马也，尘埃也，生物之以息相吹也。天之苍苍，其正色邪？其远而无所至极邪？其视下也，亦若是则已矣。且夫水之积也不厚，则其负大舟也无力。覆杯水于坳（ào）堂之上，则芥（jiè）为之舟；置杯焉则胶，水浅而舟大也。风之积也不厚，则其负大翼也无力。故九万里，则风斯在下矣，而后乃今培风；背负青天，而莫之夭阏（yāo è）者，而后乃今将图南。

蜩（tiáo）与学鸠笑之曰："我决（xuè）起而飞，抢（qiāng）榆枋（fāng）而止，时则不至，而控于地而已矣，奚以之九万里而南为？"适莽（mǎng）苍者，三飡（cān）而反，腹犹果然；适百里者，宿（sù）舂（chōng）粮；适千里者，三月聚粮。之二虫又何知！

小知不及大知，小年不及大年。奚以知其然也？朝菌（jūn）不知晦朔（huì shuò），蟪蛄（huì gū）不知春秋，此小年也。楚之南有冥灵者，以五百岁为春，五百岁为秋；上古有大椿（chūn）者，以八千岁为春，八千岁为秋，此大年也。而彭祖乃今以久特闻，众人匹之，不亦悲乎！

汤之问棘也是已。穷发（fà）之北，有冥海者，天池也。有鱼焉，其广数千里，未有知其修者，其名为鲲。有鸟焉，其名为鹏，背若泰山，翼若垂天之云，抟扶摇羊角而上者九万里，绝云气，负青天，然后图南，且适南冥也。斥鷃（yàn）笑之曰：'彼且奚适也？

我腾跃而上，不过数仞而下，翱翔蓬蒿之间，此亦飞之至也。而彼且奚适也？'"此小大之辩也。

故夫知效一官，行比一乡，德合一君，而（néng）征一国者，其自视也亦若此矣。而宋荣子犹然笑之。且举世而誉之而不加劝，举世而非之而不加沮（jǔ），定乎内外之分，辩乎荣辱之境，斯已矣。彼其于世，未数数（shuò）然也。虽然，犹有未树也。夫列子御风而行，泠（líng）然善也，旬有五日而后反。彼于致福者，未数数然也。此虽免乎行，犹有所待者也。若夫乘天地之正，而御六气之辩，以游无穷者，彼且恶乎待哉？故曰：至人无己，神人无功，圣人无名。

【注释】

①冥：亦作溟，海之意。"北冥"，就是北方的大海。下文的"南冥"仿此。传说北海无边无际，水深而黑。

②鲲：本指鱼卵，这里借表大鱼之名。

③鹏：本为古"凤"字，这里借表大鸟之名。

④怒：奋起。

⑤垂：边远；这个意义后代写作"陲"。一说遮，遮天。

⑥海运：海水运动，这里指汹涌的海涛；一说指鹏鸟在海面飞行。徙：迁移。

⑦天池：天然的大池。

⑧齐谐：书名。一说人名。

⑨志：记载。

⑩击：拍打，这里指鹏鸟奋飞而起双翼拍打水面。

⑪抟：环绕而上。一说"抟"当作"搏"（bó），拍击的意思。扶摇：又名叫飙，由地面急剧盘旋而上的暴风。

⑫去：离，这里指离开北海。息：停歇。

⑬野马：春天林泽中的雾气。雾气浮动状如奔马，故名"野马"。

⑭尘埃：扬在空中的土叫"尘"，细碎的尘粒叫"埃"。

⑮生物：概指各种有生命的东西。息：这里指有生命的东西呼吸所产生的气息。

⑯极：尽。

⑰覆：倾倒。坳：坑凹处，"坳堂"指厅堂地面上的坑凹处。

⑱芥：小草。

⑲斯：则，就。

⑳而后乃今：意思是这之后方才；以下同此解。培：通作"凭"，凭借。

㉑莫：这里作没有什么力量讲。天阏：又写作"天遏"，意思是遏阻、阻拦。"莫之天阏"即"莫天阏之"的倒装。

㉒蜩：蝉。学鸠：一种小灰雀，这里泛指小鸟。

㉓决：通作"翅"，迅疾的样子。

㉔抢：突过。榆枋：两种树名。

㉕控：投下，落下来。

㉖奚以：何以。之：去到。为：句末疑问语气词。

㉗适：往，去到。莽苍：指迷茫看不真切的郊野。

㉘飡：同餐。反：返回。

㉙犹：还。果然：饱的样子。

㉚宿：这里指一夜。

㉛之：这。二虫：指上述的蜩与学鸠。

㉜知：通"智"，智慧。

㉝朝：清晨。晦朔：一个月的最后一天和最初一天。一说"晦"指黑夜，"朔"指清晨。

㉞蟪蛄：即寒蝉，春生夏死或夏生秋死。

㉟冥灵：传说中的大龟，一说树名。

㊱大椿：传说中的古树名。

㊲上古有大椿者……八千岁为秋：根据前后用语结构的特点，此句之下当有"此大年

也”一句，但传统本子均无此句。

㊳彭祖：古代传说中年寿最长的人。乃今：而今。以：凭。特：独。闻：闻名于世。

㊴匹：配，比。

㊵汤：商汤。棘：汤时的贤大夫。已：矣。

㊶穷发：不长草木的地方。

㊷修：长。

㊸太山：大山。一说泰山。

㊹羊角：旋风，回旋向上如羊角状。

㊺绝：穿过。

㊻斥鴳：一种小鸟。

㊼仞：古代长度单位，周制为八尺，汉制为七尺，这里应从周制。

㊽至：极点。

㊾辩：通作“辨”，辨别、区分的意思。

㊿效：功效，这里含有胜任的意思。官：官职。

(51)行：品行。比：比并。

(52)而：通作“能”，能力。徵：取信。

(53)宋荣子：一名宋钘，宋国人，战国时期的思想家。犹然：讥笑的样子。

(54)举：全。劝：劝勉，努力。

(55)非：责难，批评。沮：沮丧。

(56)内外：这里分别指自身和身外之物。在庄子看来，自主的精神是内在的，荣誉和非难都是外在的，而只有自主的精神才是重要的、可贵的。

(57)境：界限。

(58)数数然：急急忙忙的样子。

(59)列子：郑国人，名叫列御寇，战国时代思想家。御：驾驭。

(60)泠然：轻盈美好的样子。

⑥旬：十天。有：又。

⑥致：罗致，这里有寻求的意思。

⑥待：凭借，依靠。

⑥乘：遵循，凭借。天地：这里指万物，指整个自然线。正：本，这里指自然的本性。

⑥御：含有因循、顺着的意思。六气：指阴、阳、风、雨、晦、明。辩：通作"变"，变化的意思。

⑥恶：何，什么。

⑥至人：这里指道德修养最高尚的人。无己：清除外物与自我的界限，达到忘掉自己的境界。

⑥神人：这里指精神世界完全能超脱于物外的人。无功：不建树功业。

⑥圣人：这里指思想修养臻于完美的人。无名：不追求名誉地位。

【译文】

北方的大海里有一条鱼，它的名字叫做鲲。鲲的体积，真不知道大到几千里；变化成为鸟，它的名字就叫鹏。鹏的脊背，真不知道长到几千里；当它奋起而飞的时候，那展开的双翅就像天边的云。这只鹏鸟呀，随着海上汹涌的波涛迁徙到南方的大海。南方的大海是一个天然的大池。《齐谐》是一部专门记载怪异事情的书，这本书上记载说："鹏鸟迁徙到南方的大海，翅膀拍击水面激起三千里的波涛，海面上急骤的狂风盘旋而上直冲九万里高空，离开北方的大海用了六个月的时间方才停歇下来"。春日林泽原野上蒸腾浮动犹如奔马的雾气，低空里沸沸扬扬的尘埃，都是大自然里各种生物的气息吹拂所致。天空湛蓝湛蓝的，难道这就是它真正的颜色吗？抑或是高旷辽远没法看到它的尽头呢？鹏鸟在高空往下看，不过也就像这个样子罢了。再说水汇积不深，它浮载大船就没有力量。倒杯水在庭堂的低洼处，那么小小的芥草也可以给它当作船；而搁置杯子就粘住不动了，因为水太浅而船太大了。风聚积的力量不雄厚，它托负巨大的翅膀便力量不够。所以，鹏鸟高飞九万里，狂风就在它的身下，然后方才凭借风力飞行，背负青天而没有什么力量能够阻遏它了,然后才像现在这样飞到南方去。

寒蝉与小灰雀讥笑它说:"我从地面急速起飞,碰着榆树和檀树的树枝,常常飞不到而落在地上,为什么要到九万里的高空而向南飞呢?"到迷茫的郊野去,带上三餐就可以往返,肚子还是饱饱的;到百里之外去,要用一整夜时间准备干粮;到千里之外去,三个月以前就要准备粮食。寒蝉和灰雀这两个小东西懂得什么!

小聪明赶不上大智慧,寿命短比不上寿命长。怎么知道是这样的呢?清晨的菌类不会懂得什么是晦朔,寒蝉也不会懂得什么是春秋,这就是短寿。楚国南边有叫冥灵的大龟,它把五百年当作春,把五百年当作秋;上古有叫大椿的古树,它把八千年当作春,把八千年当作秋,这就是长寿。可是彭祖到如今还是以年寿长久而闻名于世,人们与他攀比,岂不可悲可叹吗?

商汤询问棘的话是这样的:"在那草木不生的北方,有一个很深的大海,那就是'天池'。那里有一种鱼,它的脊背有好几千里,没有人能够知道它有多长,它的名字叫做鲲,有一种鸟,它的名字叫鹏,它的脊背像座大山,展开双翅就像天边的云。鹏鸟奋起而飞,翅膀拍击急速旋转向上的气流直冲九万里高空,穿过云气,背负青天,这才向南飞去,打算飞到南方的大海。斥鴳讥笑它说:'它打算飞到哪儿去?我奋力跳起来往上飞,不过几丈高就落了下来,盘旋于蓬蒿丛中,这也是我飞翔的极限了。而它打算飞到什么地方去呢?'"这就是小与大的不同了。

所以,那些才智足以胜任一个官职,品行合乎一乡人心愿,道德能使国君感到满意,能力足以取信一国之人的人,他们看待自己也像是这样哩。而宋荣子却讥笑他们。世上的人们都赞誉他,他不会因此越发努力,世上的人们都非难他,他也不会因此而更加沮丧。他清楚地划定自身与物外的区别,辨别荣誉与耻辱的界限,不过如此而已呀!宋荣子他对于整个社会,从来不急急忙忙地去追求什么。虽然如此,他还是未能达到最高的境界。列子能驾风行走,那样子实在轻盈美好,而且十五天后方才返回。列子对于寻求幸福,从来没有急急忙忙的样子。他这样做虽然免除了行走的劳苦,可还是有所依凭呀。至于遵循宇宙万物的规律,把握"六气"的变化,遨游于无穷无尽的境域,他还仰赖什么呢!因此说，道德修养高尚的"至人"能够达到忘我的境界，精神世界完全超脱物外的"神人"心目中没有功名和事业，思想修养臻于完美的"圣人"从不去追求名誉和地位。

第五节　墨　子

墨子（公元前467—公元前376），名翟（dí），战国时期著名的思想家、教育家、科学家、军事家，墨家学派的创始人及主要代表人物。

墨子创立了墨家学说，并著有《墨子》一书传世。其主要内容有兼爱、非攻、尚贤、尚同、节用、节葬、非乐、天志、明鬼、非命等，其中以"兼相爱与交相利"作为济世的核心思想。

"兼相爱、交相利"的思想对当今社会影响重大，它是处理个人与个人、家庭与家庭、群体与群体、国家与国家的关系准则。如果国与国之间能从"兼爱"的道德原则出发，那么霸权主义、强权政治、恐怖事件就不会出现，和谐、幸福、美满的生活指日可待。

兼爱（节选）

圣人以治天下为事者也，必知乱之所自起，焉能治之；不知乱之所自起，则不能治。譬之如医之攻人之疾者然：必知疾之所自起，焉能攻之；不知疾之所自起，则弗能攻。治乱者何独不然？必知乱之所自起，焉能治之；不知乱之所自起，则弗能治。

圣人以治天下为事者也，不可不察乱之所自起。当察乱何自起？起不相爱。臣子之不孝君父，所谓乱也。子自爱，不爱父，故亏父而自利；弟自爱，不爱兄，故亏兄而自利；臣自爱，不爱君，故亏君而自利，此所谓乱也。虽父之不慈子，兄之不慈弟，君之不慈臣，此亦天下之所谓乱也。父自爱也，不爱子，故亏子而自利；兄自爱也，不爱弟，故亏弟而自利；君自爱也，不爱臣，故亏臣而自利。是何也？皆起不相爱。

【赏析】

　　从这段话可以看出墨子的观点就是要求人与人彼此相爱。这种爱是没有阶级差别的、不分远近、不分亲疏的普遍的爱。墨子"兼爱"思想是对孔子"爱人"思想的一种延续，反映了广大劳动者对人与人之间互相同情、帮助和关心，共同向善的一种美好愿望。墨子坚决反对自私自利，他认为一切战争源于人们之间的私心。

　　墨子"兼爱"平等观，强调爱的整体性、普遍性、平等性，对当下的社会发展有着极为重要的意义。比如一些企业中的"善的循环""爱心"文化等就是"兼爱"思想的具体体现。再如，改革开放以来，经济高速增长，由于收入分配有差别，有的人财富急剧积累起来，有的人还处于贫困状态，在这种情况下，如何把经济发展的成果让所有人一起分享就不仅需要爱心，还要把爱心制度化，如社会保障制度、工资保障制度等，这都是兼爱思想的体现。

第四章　悠然自乐的清淡之风
——魏晋南北朝文化

第一节　建安风骨

"建安"是汉献帝的年号，这一时期文学的代表人物主要有曹操、曹丕、曹植父子三人。

龟虽寿

东汉·曹操

神龟虽寿，犹有竟时。

腾蛇乘雾，终为土灰。

老骥伏枥，志在千里。

烈士暮年，壮心不已。

盈缩之期，不但在天；

养怡之福，可得永年。

幸甚至哉，歌以咏志。

【注释】

①该诗作于建安十二年（207），这时曹操五十三岁。选自《先秦汉魏晋南北朝诗》（中华书局1983年版）。这首诗是曹操所作乐府组诗《步出夏门行》中的第四章。

②"神龟"二句：神龟虽能长寿，但也有死亡的时候。神龟，传说中的通灵之龟，能活几千岁。寿，长寿。竟：终结，这里指死亡。

③"腾（téng）蛇"二句：腾蛇即使能乘雾升天，最终也得死亡，变成灰土。腾蛇，传说中与龙同类的神物，能乘云雾升天。

④骥（jì）：良马，千里马。

⑤伏：趴，卧。

⑥枥（lì）：马槽。

⑦烈士：有远大抱负的人。

⑧暮年：晚年。

⑨已：停止。

⑩盈缩：指人的寿命长短。盈，满，引申为长。缩，亏，引申为短。

⑪但：仅，只。

⑫养怡：指调养身心，保持身心健康。怡，愉快、和乐。

⑬永年：长寿，活得长。永，长久。

⑭幸甚至哉，歌以咏志：两句是附文，跟正文没关系，只是抒发作者感情，是乐府诗的一种形式性结尾。

【译文】

神龟的寿命虽然十分长久，但也有生命终结的时候。

腾蛇尽管能乘雾飞行，终究也会死亡化为土灰。

年老的千里马躺在马棚里，它的雄心壮志仍然是能够驰骋千里。

有远大抱负的人士到了晚年，奋发思进的雄心不会止息。

人的寿命长短，不只是由上天所决定的。

只要自己调养好身心，也可以益寿延年。

我非常庆幸，就用这首诗歌来表达自己内心的志向。

白马篇

魏晋·曹植

白马饰金羁，连翩西北驰。

借问谁家子？幽并游侠儿。

少小去乡邑，扬声沙漠垂。

宿昔秉良弓，楛矢何参差！

控弦破左的，右发摧月支。

仰手接飞猱，俯身散马蹄。

狡捷过猴猿，勇剽若豹螭。

边城多警急，虏骑数迁移。

羽檄从北来，厉马登高堤。

长驱蹈匈奴，左顾凌鲜卑。

弃身锋刃端，性命安可怀？

父母且不顾，何言子与妻？

名编壮士籍，不得中顾私。

捐躯赴国难，视死忽如归。

【译文】

驾驭着白马向西北驰去，马儿佩戴着金色的马具。有人问他是谁家的孩子，边塞的好男儿游侠骑士。

年纪轻轻就离别了家乡，到边塞显身手建立功勋。楛木箭和强弓从不离身，下苦功练就了一身武艺。

拉开弓如满月左右射击，一箭箭中靶心不差毫厘。飞骑射裂了箭靶"月支"，转身又射碎箭靶"马蹄"。

他灵巧敏捷赛过猿猴，又勇猛轻疾如同豹螭。听说国家边境军情紧急，侵略者一次又一次进犯内地。

告急信从北方频频传来，游侠儿催战马跃上高堤。随大军平匈奴直捣敌巢，再回师扫鲜卑驱逐敌骑。

上战场面对着刀光剑影，从不将安危放在心里。连父母也不能孝顺服侍，更不能顾念那儿女妻子。

名字既列上战士名册，早已经忘掉了个人私利。为国家解危难奋勇献身，看死亡就好像回归故里。

扩展学习

短歌行

东汉·曹操

对酒当歌，人生几何！譬如朝露，去日苦多。

慨当以慷，忧思难忘。何以解忧？唯有杜康。

青青子衿，悠悠我心。但为君故，沉吟至今。

呦呦鹿鸣，食野之苹。我有嘉宾，鼓瑟吹笙。

明明如月，何时可掇？忧从中来，不可断绝。

越陌度阡，枉用相存。契阔谈䜩，心念旧恩。

月明星稀，乌鹊南飞。绕树三匝，何枝可依？

山不厌高，海不厌深。周公吐哺，天下归心。

第二节　陶渊明

陶渊明是中国第一位田园诗人，被称为"古今隐逸诗人之宗"，著有《陶渊明集》。

饮酒（其五）

结庐在人境，而无车马喧。

问君何能尔？心远地自偏。

采菊东篱下，悠然见南山。

山气日夕佳，飞鸟相与还。

此中有真意，欲辨已忘言。

【注释】

①结庐：建造住宅，这里指居住的意思。

②车马喧：指世俗交往的喧扰。

③君：指作者自己。何能尔：为什么能这样。尔：如此、这样。

④悠然：自得的样子。见：看见（读 jiàn），动词。南山：泛指山峰，一说指庐山。

⑤日夕：傍晚。相与：相交，结伴。

⑥相与还：结伴而归。

【译文】

居住在人世间，却没有车马的喧嚣。问我为何能如此，只要心志高远，自然就会觉得所处地方僻静了。在东篱之下采摘菊花，悠然间，那远处的南山映入眼帘。山中的气息与傍晚的景色十分美好，有飞鸟结着伴儿归来。这里蕴含着人生的真正意义，想要辨识，却不知怎样表达。

桃花源记

晋太元中,武陵人捕鱼为业。缘溪行,忘路之远近。忽逢桃花林,夹岸数百步,中无杂树,芳草鲜美,落英缤纷,渔人甚异之。复前行,欲穷其林。

林尽水源,便得一山,山有小口,仿佛若有光。便舍船,从口入。初极狭,才通人。复行数十步,豁然开朗。土地平旷,屋舍俨然,有良田美池桑竹之属。阡陌交通,鸡犬相闻。其中往来种作,男女衣着,悉如外人。黄发垂髫,并怡然自乐。

见渔人,乃大惊,问所从来。具答之。便要还家,设酒杀鸡作食。村中闻有此人,咸来问讯。自云先世避秦时乱,率妻子邑人来此绝境,不复出焉,遂与外人间隔。问今是何世,乃不知有汉,无论魏晋。此人一一为具言所闻,皆叹惋。余人各复延至其家,皆出酒食。停数日,辞去。此中人语云:"不足为外人道也。"

既出,得其船,便扶向路,处处志之。及郡下,诣太守,说如此。太守即遣人随其往,寻向所志,遂迷,不复得路。

南阳刘子骥,高尚士也,闻之,欣然规往。未果,寻病终,后遂无问津者。

【译文】

东晋太元年间,武陵郡有个人以打鱼为生。一天,他顺着溪水行船,忘记了路程的远近。忽然遇到一片桃花林,生长在溪水的两岸,长达几百步,中间没有别的树,花草鲜嫩美丽,落花纷纷地散在地上。渔人对此(眼前的景色)感到十分诧异,继续往前行船,想走到林子的尽头。

桃林的尽头就是溪水的发源地,于是便出现一座山,山上有一个小洞口,洞里仿佛有点光亮。于是他下了船,从洞口进去。起初洞口很狭窄,仅容一人通过。又走了几十步,突然变得开阔明亮了。(呈现在他眼前的是)一片平坦宽广的土地,一排排整齐的房舍。还有肥沃的田地、美丽的池沼,以及桑树、竹林之类的。田间小路交错相通,鸡鸣狗叫到处可以听到。人们在田野里来来往往耕种劳作,男女的穿戴跟桃花源以外的世人完全一样。老人和小孩们都安适愉快，自得其乐。

村里的人看到渔人，感到非常惊讶，问他是从哪儿来的。渔人详细地做了回答。村里有人就邀请他到自己家里去（做客），设酒杀鸡做饭来款待他。村里的人听说来了这么一个人，都来打听消息。他们自己说他们的祖先为了躲避秦时的战乱，领着妻子儿女和乡邻来到这个与人世隔绝的地方，不再出去，因而跟外面的人断绝了来往。他们问渔人现在是什么朝代，他们竟然不知道有过汉朝，更不必说魏晋两朝了。渔人把自己知道的事一一详尽地告诉了他们，听完以后，他们都感叹惋惜。其余的人各自又把渔人请到自己家中，都拿出酒饭来款待他。渔人停留了几天，向村里人告辞离开。村里的人对他说："我们这个地方不值得对外面的人说啊！"

渔人出来以后，找到了他的船，就顺着来时的路回去，处处都做了标记。到了郡城，他到太守那里，报告了这番经历。太守立即派人跟着他去，寻找以前所做的标记，最终迷失了方向，再也找不到通往桃花源的路了。

南阳人刘子骥是一个志向高洁的隐士，听到这件事后，高兴地计划前往，但没有实现，不久因病去世了。此后就再也没有探访桃花源路的人了。

扩展学习

归园田居

少无适俗韵，性本爱丘山。

误落尘网中，一去三十年。

羁鸟恋旧林，池鱼思故渊。

开荒南野际，守拙归园田。

方宅十余亩，草屋八九间。

榆柳荫后檐，桃李罗堂前。

暧暧远人村，依依墟里烟。

狗吠深巷中，鸡鸣桑树颠。

户庭无尘杂，虚室有余闲。

久在樊笼里，复得返自然。

第五章　辉煌灿烂的明珠——唐诗宋词

唐诗和宋词是中国文学史上的两颗明珠。

第一节　唐　　诗

唐诗泛指创作于唐朝的诗。唐诗是中华民族珍贵的文化遗产，同时对世界上许多民族和国家的文化发展产生了很大影响，对后人研究唐代的政治、民情、风俗、文化等都有重要的参考意义和价值。

忆昔

唐·杜甫

忆昔开元全盛日，小邑犹藏万家室。

稻米流脂粟米白，公私仓廪俱丰实。

九州道路无豺虎，远行不劳吉日出。

齐纨鲁缟车班班，男耕女桑不相失。

宫中圣人奏云门，天下朋友皆胶漆。

百馀年间未灾变，叔孙礼乐萧何律。

岂闻一绢直万钱，有田种谷今流血。

洛阳宫殿烧焚尽，宗庙新除狐兔穴。

伤心不忍问耆旧，复恐初从乱离说。

小臣鲁钝无所能，朝廷记识蒙禄秩。

周宣中兴望我皇，洒血江汉身衰疾。

【注释】

①小邑（yì）：小城。藏：居住。万家室：户口繁多。

②"稻米"二句：写全盛时农业丰收，粮食储备充足。流脂，形容稻米颗粒饱满滑润。仓廪（lǐn），储藏米谷的仓库。

③"九州"二句：写全盛时社会秩序安定，天下太平。

④路无豺虎：旅途平安，出门自然不必选什么好日子，指随时可出行。豺虎，比喻寇盗。《资治通鉴》开元二十八年载："海内富安，行者虽万里不持寸兵。"

⑤"齐纨（wán）"二句：写全盛时手工业和商业的发达。

⑥齐纨鲁缟（gǎo）：山东一带生产的精美丝织品。缟，未经染色的绢。车班班：商贾的车辆络绎不绝。班班，形容繁密众多，言商贾不绝于道。

⑦桑：作动词用，指养蚕织布。不相失：各安其业，各得其所。《通典·食货七》载：开元十三年，"米斗至十三文，青、齐谷斗至五文。自后天下无贵物。两京米斗不至二十文，面三十二文，绢一匹二百一十文。东至宋汴，西至岐州，夹路列店肆待客，酒馔丰溢。每店皆有驴赁客乘，倏忽数十里，谓之驿驴。南诣荆、襄，北至太原、范阳，西至蜀川、凉府，皆有店肆以供商旅。远适数千里，不持寸刃"。

⑧圣人：指天子。奏云门：演奏《云门》乐曲。云门，祭祀天地的乐曲。

⑨百馀（yú）年间：指从唐王朝开国（618年）到开元末年（741年），有一百多年。未灾变：没有发生过大的灾祸。

⑩"叔孙"句：西汉初年，高祖命叔孙通制定礼乐，萧何制定律令。这是用汉初的盛世比喻开元时代的政治情况。

⑪"岂闻"二句：开始由忆昔转为说今，写安史乱后的情况：以前物价不高，生活安定，如今却是田园荒芜，物价昂贵。一绢，一匹绢。直，同"值"。

⑫"洛阳"句：用东汉末董卓烧洛阳宫殿事喻指两京破坏之严重。广德元年十月吐蕃攻陷长安。盘踞了半月，代宗于十二月复还长安，诗作于代宗还京不久之后，所以说"新除"。

⑬宗庙：指皇家祖庙。狐兔：指吐蕃。颜之推《古意二首》："狐兔穴宗庙。"杜诗本此。

⑭"伤心"二句：写不堪回首的心情。耆旧们都经历过开元盛世和安史之乱，不忍问：是因为怕他们又从安禄山陷京说起，惹得彼此伤起心来。

⑮耆（qí）旧：年高望重的人。耆，古代称六十岁曰耆。

⑯乱离：指天宝末年安史之乱。

⑰小臣：杜甫自谓。鲁钝：粗率，迟钝。

⑱记识：记得，记住。蒙禄秩：指召补京兆功曹，不赴。禄秩，俸禄。

⑲周宣：周宣王，厉王之子，即位后，整理乱政，励精图治，恢复周代初期的政治，使周朝中兴。我皇：指代宗。洒血：极言自己盼望中兴之迫切。

⑳江汉：指长江和嘉陵江，也指长江、嘉陵江流经的巴蜀地区。因为嘉陵江上源为西汉水，故亦称汉水。

【译文】

想当年开元盛世时，小城市就有万家人口，农业丰收，粮食储备充足，储藏米谷的仓库也装得满满的。社会安定，天下太平，没有寇盗横行，路无豺虎，旅途平安，随时可以出门远行，自然不必选什么好日子。当时手工业和商业发达，到处是贸易往来的商贾车辆，络绎不绝于道。男耕女桑，各安其业，各得其所。宫中天子奏响祭祀天地的乐曲，一派太平祥和。社会风气良好，人们互相友善，关系融洽，百余年间，没有发生过大的灾祸。国家昌盛，政治清明。

谁知安史乱后，田园荒芜，物价昂贵，一绢布匹要卖万贯钱。洛阳的宫殿被焚烧殆尽，吐蕃也攻陷长安，盘踞了半月，代宗不久之后收复两京。不敢跟年高望重的人絮叨旧事，怕他们又从安禄山陷两京说起，惹得彼此伤起心来。小臣我愚钝无所能，承蒙当初朝廷授检校工部员外郎官职给我。希望当代皇上能像周宣王恢复周代初期的政治，使周朝中兴那样恢复江山社稷，我在江汉流经的巴蜀地区也会激动涕零的。

山居秋暝

唐·王维

空山新雨后，天气晚来秋。

明月松间照，清泉石上流。

竹喧归浣女，莲动下渔舟。

随意春芳歇，王孙自可留。

【译文】

一场新雨过后，青山特别清朗，秋天的傍晚，天气格外凉爽。明月透过松林撒落斑驳的静影，清泉轻轻地在大石上叮咚流淌。竹林传出归家洗衣女的谈笑声，莲蓬移动了，渔舟正下水撒网。任凭春天的芳菲随时令消逝吧，游子在秋色中，自可流连徜徉。

过华清宫三首·其一

唐·杜牧

长安回望绣成堆，山顶千门次第开。

一骑红尘妃子笑，无人知是荔枝来。

【译文】

从长安回望骊山，如锦绣成堆，山顶上，重重宫门正一道道地打开。快马扬尘飞奔而至，妃子破颜一笑，没人知道，这是千里传送荔枝来。

这首诗选取为贵妃飞骑送荔枝这一件事，形象地揭露了统治者为满足一己口腹之欲，竟不惜兴师动众，劳民伤财，有力地鞭挞了唐玄宗与杨贵妃的骄奢淫侈，反映当时社会的不公正。

鸟

唐·白居易

谁道群生性命微？

一般骨肉一般皮。

劝君莫打枝头鸟，

子在巢中望母归。

【注释】

①群生：各种生灵。诗中指小鸟。

②君：您。

【译文】

谁说这群小鸟儿的生命微不足道？它们和所有的生命一样，有同样的骨肉和皮毛。劝您不要打枝头上的鸟儿，可知道巢中的幼鸟正盼望着母鸟归巢啊！

一首简单易懂的《鸟》，把鸟儿的生命看得与人的生命一样，人不可以为自己强大，而任意决定小鸟的生死。表面上说的是鸟，其实喻义着现实社会，皇家贵族性命高贵吗？贫穷百姓生命微乎吗？他们都有一样的皮肉，都有母子情深啊。

这首小诗充分表达了诗人希望社会充满爱和欢乐的心愿，体现了诗人期盼众生平等的观念。

渔歌子·西塞山前白鹭飞

唐·张志和

西塞山前白鹭飞，桃花流水鳜鱼肥。

青箬笠，绿蓑衣，斜风细雨不须归。

【注释】

①渔歌子：原是曲调名，后来人们根据它填词，又成为词牌名。

②西塞山：在今浙江省湖州市西面，一说在湖北省黄石市。

③白鹭：一种水鸟，头颈和腿都很长，羽毛白色。

④桃花流水：桃花盛开的季节正是春水盛涨的时候，俗称桃花汛或桃花水。

⑤箬笠：用竹叶、竹篾编的宽边帽子，常作为雨具，又称斗笠。箬是一种竹子。

⑥蓑衣：用茅草或是棕丝编织成的、披在身上用来遮风挡雨的衣服。

⑦鳜鱼：江南又称桂鱼，肉质鲜美，十分可口。

⑧归：在文中是指回家，字面解释为回。

【译文】

西塞山前白鹭在自由地飞翔，江岸桃花盛开，春水初涨，水中鳜鱼肥美。渔翁头戴青色的箬笠，身披绿色的蓑衣，冒着斜风细雨，乐然垂钓，用不着回家。

扩展学习

赋得古原草送别

唐·白居易

离离原上草，一岁一枯荣。

野火烧不尽，春风吹又生。

远芳侵古道，晴翠接荒城。

又送王孙去，萋萋满别情。

芙蓉楼送辛渐

唐·王昌龄

寒雨连江夜入吴，平明送客楚山孤。

洛阳亲友如相问，一片冰心在玉壶。

凉州词

唐·王翰

葡萄美酒夜光杯，欲饮琵琶马上催。

醉卧沙场君莫笑，古来征战几人回？

第二节　宋　　词

宋词是中国古代文学皇冠上光辉夺目的明珠，在古代中国文学的阆苑里，它是一座芬芳绚丽的园圃。它以姹紫嫣红、千姿百态的神韵，与唐诗争奇，与元曲斗艳，历来与唐诗并称双绝，代表一代文学之盛。

望海潮·东南形胜

宋·柳永

东南形胜，三吴都会，钱塘自古繁华。

烟柳画桥，风帘翠幕，参差十万人家。

云树绕堤沙，怒涛卷霜雪，天堑无涯。

市列珠玑，户盈罗绮，竞豪奢。

重湖叠巘清嘉，有三秋桂子，十里荷花。

羌管弄晴，菱歌泛夜，嬉嬉钓叟莲娃。

千骑拥高牙，乘醉听箫鼓，吟赏烟霞。

异日图将好景，归去凤池夸。

【注释】

①三吴：即吴兴（今浙江省湖州市）、吴郡（今江苏省苏州市）、会稽（今浙江省绍兴市）三郡，在这里泛指今江苏南部和浙江的部分地区。

②钱塘：即今浙江杭州，古时候吴国的一个郡。

③烟柳：雾气笼罩着的柳树。画桥：装饰华美的桥。风帘：挡风用的帘子。翠幕：青绿色的帷幕。参差：近似；高下不齐貌。

④云树：树木如云，极言其多。

⑤怒涛卷霜雪：又高又急的潮头冲过来，浪花像霜雪在滚动。

⑥天堑：天然沟壑，人间险阻。一般指长江，这里借指钱塘江。

⑦珠玑：珠是珍珠，玑是一种不圆的珠子，这里泛指珍贵的商品。

⑧重湖：以白堤为界，西湖分为里湖和外湖，所以也叫重湖。叠巘（yǎn）：层层叠叠的山峦，此指西湖周围的山。巘，小山峰。清嘉：清秀佳丽。

⑨三秋：一说秋季，亦指秋季第三月，即农历九月。王勃《滕王阁序》有"时维九月，序属三秋"。柳永《望海潮》有"三秋桂子，十里荷花"。一说三季，即九月。《诗经·王风·采葛》有"一日不见，如三秋兮！"。孔颖达疏"年有四时，时皆三月。三秋谓九月也。设言三春、三夏其义亦同，作者取其韵耳"。一说三年。李白《江夏行》有"只言期一载，谁谓历三秋！"

⑩羌管：即羌笛，羌族的簧管乐器，这里泛指乐器。弄：吹奏。

⑪菱歌泛夜：采菱夜归的船上一片歌声。菱，菱角。泛，漂流。

⑫高牙：高蠹的牙旗。牙旗，将军之旌，竿上以象牙饰之，故云牙旗。这里指高官孙何。

⑬吟赏烟霞：歌咏和观赏湖光山色。烟霞此指山水林泉等自然景色。

⑭异日图将好景：有朝一日把这番景致描绘出来。异日，他日，指日后。图，描绘。

⑮凤池：全称凤凰池，原指皇宫禁苑中的池沼，此处指朝廷。

【译文】

杭州地理位置重要，风景优美，是三吴的都会。这里自古以来就非常繁华。如烟的柳树、彩绘的桥梁，挡风的帘子、翠绿的帐幕，楼阁高高低低，大约有十万户人家。高耸入云的大树环绕着钱塘江沙堤，澎湃的潮水卷起霜雪一样白的浪花，宽广的江面一望无涯。市场上陈列着琳琅满目的珠玉珍宝，家家户户都存满了绫罗绸缎，争相比奢华。

里湖、外湖与重重叠叠的山岭非常清秀美丽。秋天桂花飘香，夏季十里荷花。晴天欢快地吹奏羌笛，夜晚划船采菱唱歌，钓鱼的老翁、采莲的姑娘都喜笑颜开。千名骑兵簇拥着巡察归来的长官。在微醺中听着箫鼓管弦，吟诗作词，赞赏着美丽的水色山光。他日把这美好的景致描绘出来，回京升官时向朝中的人们夸耀。

桂枝香·金陵怀古

宋·王安石

登临送目，正故国晚秋，天气初肃。千里澄江似练，翠峰如簇。征帆去棹斜阳里，背西风，酒旗斜矗。彩舟云淡，星河鹭起，画图难足。

念往昔，繁华竞逐，叹门外楼头，悲恨相续。千古凭高，对此谩嗟荣辱。六朝旧事随流水，但寒烟衰草凝绿。至今商女，时时犹唱，《后庭》遗曲。

【注释】

①桂枝香：词牌名，又名"疏帘淡月"，首见于王安石此作。金陵：今江苏南京。

②登临送目：登山临水，举目望远。送目：远目，望远。

③故国：即故都，旧时的都城。金陵为六朝故都，故称故国。

④初肃：天气刚开始萧肃。肃，萎缩，肃杀，形容草木枯落，天气寒而高爽。

⑤千里澄江似练：形容长江像一匹长长的白绢。语出谢朓《晚登三山还望京邑》："余霞散成绮，澄江静如练。"澄江，清澈的长江。练，白色的绢。

⑥如簇：这里指群峰好像丛聚在一起。簇，丛聚。

⑦征帆去棹（zhào）：往来的船只。棹，划船的一种工具，形似桨，也可引申为船。

⑧斜矗：斜插。矗，直立。

⑨"彩舟"两句：意谓结彩的画船行于薄雾迷离之中，犹在云内；华灯映水，繁星交辉，白鹭翩飞。这两句转写秦淮河，"彩舟"系玩乐的河上之船，与江上"征帆去棹"的大船不同。又与下片"繁华"相接，释为秦淮河较长江为妥。星河，天河，这里指秦淮

河。鹭，白鹭，一种水鸟，一说指白鹭洲（长江与秦淮河相汇之处的小洲）。

⑩画图难足：用图画也难以完美地表现它。难足，难以完美地表现出来。

⑪豪华竞逐：（六朝的达官贵人）争相着过豪华的生活。竞逐，竞相仿。

【译文】

我登上城楼放眼远望，故都金陵正是深秋，天气已变得飒爽清凉。千里澄江宛如一条白练，青翠山峰像箭簇耸立前方。帆船在夕阳下往来穿梭，西风起处，斜插的酒旗在小街飘扬。画船如同在淡云中浮游，白鹭好像在银河里飞舞，丹青妙笔也难描画这壮美风光。

遥想当年，故都金陵何等繁盛堂皇。可叹在朱雀门外结绮阁楼，六朝君主一个个地相继败亡。自古多少人在此登高怀古，无不对历代荣辱喟叹感伤。六朝旧事已随流水消逝，剩下的只有寒烟惨淡、绿草衰黄。时至今日，商女们时时地还把《后庭花》遗曲吟唱。

满江红·写怀

宋·岳飞

怒发冲冠，凭阑处、潇潇雨歇。抬望眼，仰天长啸，壮怀激烈。三十功名尘与土，八千里路云和月。莫等闲，白了少年头，空悲切！

靖康耻，犹未雪。臣子恨，何时灭！驾长车，踏破贺兰山缺。壮志饥餐胡虏肉，笑谈渴饮匈奴血。待从头、收拾旧山河，朝天阙。

【注释】

①怒发冲冠：气得头发竖起，以至于将帽子顶起，形容愤怒至极。冠是指帽子而不是头发竖起。

②潇潇：形容雨势急骤。

③长啸：感情激动时撮口发出清而长的声音，为古人的一种抒情举动。

④三十功名尘与土：年已三十，建立了一些功名，不过很微不足道。

⑤八千里路云和月：形容南征北战，路途遥远，披星戴月。

⑥等闲：轻易，随便。

⑦靖康耻：宋钦宗靖康二年（1127年），金兵攻陷汴京，虏走徽、钦二帝。

⑧贺兰山：贺兰山脉位于宁夏回族自治区与内蒙古自治区交界处。

⑨朝天阙：朝见皇帝。天阙，本指宫殿前的楼观，此指皇帝生活的地方。

【译文】

我愤怒得头发竖了起来，帽子被顶飞了。独自登高凭栏远眺，骤急的风雨刚刚停歇。抬头远望天空，禁不住仰天长啸，一片报国之心充满心怀。三十多年来虽已建立一些功名，但如同尘土微不足道，南北转战八千里，经过多少风云人生。好男儿，要抓紧时间为国建功立业，不要空空将青春消磨，等年老时徒自悲切。

靖康之变的耻辱，至今仍然没有被雪洗。作为国家臣子的愤恨，何时才能泯灭！我要驾着战车向贺兰山进攻，连贺兰山也要踏为平地。我满怀壮志，打仗饿了就吃敌人的肉，谈笑渴了就喝敌人的鲜血。待我重新收复旧日山河，再带着捷报向国家报告胜利的消息！

岳飞（1103—1142），字鹏举，中国历史上著名的军事家、战略家、民族英雄，位列南宋中兴四将之首。岳飞的文学才华也是将帅中少有的，他的不朽词作《满江红》，是千古传诵的爱国名篇，岳飞此词，激励着中华民族的爱国心，抗战期间这首词曲以其低沉但却雄壮的歌音，感染了中华儿女。

清平乐·村居

宋·辛弃疾

茅檐低小，溪上青青草。醉里吴音相媚好，白发谁家翁媪？大儿锄豆溪东，中儿正织鸡笼。最喜小儿亡赖，溪头卧剥莲蓬。

【注释】

①清平乐（yuè）：词牌名。

②村居：题目。

③茅檐：茅屋的屋檐。

④吴音：吴地的方言。作者当时住在信州（今上饶），这一带的方言为吴音。

⑤相媚好：指相互逗趣，取乐。

⑥翁媪（ǎo）：老翁、老妇。

⑦锄豆：锄掉豆田里的草。

⑧织：编织，指编织鸡笼。

⑨亡（wú）赖：这里指小孩顽皮、淘气。亡，通"无"。

⑩卧：趴。

【译文】

草屋的茅檐又低又小，溪边长满了碧绿的小草。含有醉意的吴地方言，听起来温柔又美好，那满头白发的老人是谁家的呀？

大儿子在溪东边的豆田锄草，二儿子正忙于编织鸡笼。最令人喜爱的是小儿子，他正横卧在溪头草丛，剥着刚摘下的莲蓬。

扩展学习

浪淘沙

五代·李煜

帘外雨潺潺，春意阑珊。罗衾不耐五更寒。梦里不知身是客，一晌贪欢。

独自莫凭栏，无限江山。别时容易见时难。流水落花春去也，天上人间。

第六章　竞显风流的明星——散曲

散曲是中国古代文学体裁之一。它是配合当时北方流行的音乐曲调撰写的合乐歌词，是一种起源于民间新声的中国音乐文学，是当时一种雅俗共赏的新体诗。

散　曲

张可久

〔黄钟〕人月圆·山中书事

兴亡千古繁华梦，诗眼倦天涯。孔林乔木，吴宫蔓草，楚庙寒鸦。

数间茅舍，藏书万卷，投老村家。山中何事？松花酿酒，春水煎茶。

【注释】

①人月圆：曲牌名。此词调始于王诜，因其词中"人月圆时"句，取以为名。《中原音韵》入"黄钟宫"。曲者，小令用。有幺篇换头，须连用。

②诗眼：诗人的洞察力。

③孔林：指孔丘的墓地，在今山东曲阜。

④吴宫：指吴国的王宫，也可指三国东吴建业（今南京）故宫。

⑤楚庙：指楚国的宗庙。

⑥投老：临老，到老。

【译文】

千古以来，兴亡更替就像繁华的春梦一样。诗人用疲倦的眼睛远望着天边。孔子家族墓地长满乔木，吴国的宫殿如今荒草萋萋，楚庙中乌鸦飞来飞去。

几间茅屋里，藏着万卷书，我回到了老村生活。山中有什么事？用松花酿酒，用春天的河水煮茶。

〔黄钟〕人月圆·春晚次韵

萋萋芳草春云乱，愁在夕阳中。短亭别酒，平湖画舫，垂柳骄骢。一声啼鸟，一番夜雨，一阵东风。桃花吹尽，佳人何在，门掩残红。

【注释】

①人月圆：曲牌名，属黄钟调，双调四十八字，前片五句两平韵，后片六句两平韵；次韵：古体诗词写作的一种方式。

②萋萋：形容草叶的繁茂。

③短亭：旧时离城五里处设短亭，十里处设长亭，为行人休憩或送行饯别之所。

④画舫：装饰华美的游船。

⑤骄骢（cōng）：健壮的骢马，泛指骏马。

【译文】

萋萋芳草、浓云惨淡，笼罩在血色残阳里。我想起以前在亭子里与你饮酒惜别，那时和现在一样，碧绿的湖水上飘着画舫，垂柳之下还有一匹骏马。鸟雀声声啼，一番春雨下，携起一片东风。东风把桃花都吹落了，佳人还是不在。

〔黄钟〕人月圆·雪中游虎丘

梅花浑似真真面，留我倚阑杆。雪晴天气，松腰玉瘦，泉眼冰寒。兴亡遗恨，一丘黄土，千古青山。老僧同醉，残碑休打，宝剑羞看。

【注释】

①雪中游虎丘：虎丘，山名，今苏州市郊。

②浑似：简直像。

③真真面：美女的面容。

④一丘黄土，千古青山：黄土，虎丘传为吴王阖闾葬处，故云。青山，这里指虎丘。

⑤残碑休打：残碑，残留之碑；打，拓碑文。旧时有人以拓碑文为生，所拓碑纸售于市。

⑥宝剑羞看：羞于去看宝剑，对不能奋发的内疚。按《吴越春秋阖闾内传》，吴王嗣闾有干将、莫耶、湛卢等宝剑，这句暗用此典。

【译文】

雪后的梅花红润娇艳仿佛仙女真真姣好的脸面，吸引我凭依着栏杆久久流连，雪后初晴的天气，松树的腰显得细瘦而泉眼的冰面特别清寒。历史兴盛衰亡留下了深深的遗憾，阖闾当年曾经是纵横天下的英雄，如今只留下一个大大的黄土坟丘，而千古不变的是苍翠的青山。为我导游的老和尚也被美景所陶醉，就不要再去观赏拍打残破的古碑，去欣赏那一湾绿水的剑池的景观。

白朴

夺锦标

霜水明秋，霞天送晚，画出江南江北。满目山围故国，三阁余香，六朝陈迹。有庭花遗谱，弄哀音、令人嗟惜。想当时、天子无愁，自古佳人难得。

惆怅龙沉宫井，石上啼痕，犹点胭脂红湿。去去天荒地老，天净沙，流水无情，落花狼藉。恨青溪留在，渺重城、烟波空碧。对西风、谁与招魂，梦里行云消息。

念奴娇 题镇江多景楼，用坡仙韵

江山信美，快平生、一览南州风物。落日金焦，浮绀宇，铁瓮犹残城壁。云拥潮来，水随天去，几点沙鸥雪。消磨不尽，古今天宝人杰。

遥望石冢巉然，参军此葬，万劫谁能发。桑梓龙荒，惊叹后、几度生灵埋灭。往事休论，酒杯才近，照见星星发。一声长啸，海门飞上明月。

［仙吕］寄生草·饮

长醉后方何碍，不醒时甚思。糟腌两个功名字，醅渰千古兴亡事，曲埋万丈虹霓志。不达时皆笑屈原非，但知音尽说陶潜是。

［中吕］阳春曲·知几

知荣知辱牢缄口，谁是谁非暗点头。诗书丛里且淹留。闲袖手，贫煞也风流。

［越调］天净沙·春

春山暖日和风，阑干楼阁帘栊，杨柳秋千院中。啼莺舞燕，小桥流水飞红。

［越调］天净沙·夏

云收雨过波添，楼高水冷瓜甜，绿树阴垂画檐。纱厨藤簟，玉人罗扇轻缣。

［越调］天净沙·秋

孤村落日残霞，轻烟老树寒鸦，一点飞鸿影下。青山绿水，白草红叶黄花。

［越调］天净沙·冬

一声画角谯门，半庭新月黄昏，雪里山前水滨。竹篱茅舍，淡烟衰草孤村。

［双调］沉醉东风·渔夫

黄芦岸白蘋渡口，绿柳堤红蓼滩头。虽无刎颈交，却有忘机友。点秋江白鹭沙鸥。傲杀人间万户侯，不识字烟波钓叟。

［驻马听］吹

裂石穿云，玉管宜横清更洁。霜天沙漠，鹧鸪风里欲偏斜。凤凰台上暮云遮，梅花惊作黄昏雪。人静也，一声吹落江楼月。

［驻马听］弹

雪调冰弦，十指纤纤温更柔。林莺山溜，夜深风雨落弦头。

芦花岸上对兰舟，哀弦恰似愁人消瘦。泪盈眸，江州司马别离后。

[驻马听] 歌

白雪阳春，一曲西风几断肠。花朝月夜，个中唯有杜韦娘。

前声起彻绕危梁，后声并至银河上。韵悠扬，小楼一夜云来往。

[驻马听] 舞

凤髻蟠空，袅娜腰肢温更柔。轻移莲步，汉宫飞燕旧风流。

谩催鼍鼓品梁州，鹧鸪飞起春罗袖。锦缠头，刘郎错认风前柳。

[大石调] 青杏子·咏雪

空外六花翻，被大风洒落千山。穷冬节物偏宜晚，冻凝沼址，寒侵帐幕，冷湿阑干。

【归塞北】貂裘客，嘉庆卷帘看。好景画图收不尽，好题诗句咏尤难，疑在玉壶间。

【好观音】富贵人家应须惯，红炉暖不畏初寒。开宴邀宾列翠鬟，拼酡颜，畅饮休辞惮。

【幺篇】劝酒佳人擎金盏，当歌者款撒香檀。歌罢喧喧笑语繁，夜将阑，画烛银光灿。

【结音】似觉筵间香风散，香风散非麝非兰。醉眼朦胧问小蛮，多管是南轩蜡梅绽。

[仙吕] 醉中天·佳人脸上黑痣

疑是杨妃在，怎脱马嵬灾。曾与明皇捧砚来，美脸风流杀。叵奈挥毫李白，觑着娇态，洒松烟点破桃腮。

[中吕] 阳春曲

知几

知荣知辱牢缄口，谁是谁非暗点头。诗书丛里且淹留。闲袖手，贫煞也风流。

今朝有酒今朝醉，且尽樽前有限杯。回头沧海又尘飞。日月疾，白发故人稀。

不因酒困因诗困，常被吟魂恼醉魂。四时风月一闲身。无用人，诗酒乐天真。

张良辞汉全身计，范蠡归湖远害机。乐山乐水总相宜。君细推，今古几人知。

题情

轻拈斑管书心中，细折银笺写恨词。可怜不惯害相思，则被你个肯字儿，迄逗我许多时。

鬓云懒理松金凤，胭粉慵施减玉容。伤情经岁绣帏空，心绪冗，闷倚翠屏风。

慵拈粉线闲金缕，懒酌琼浆冷玉壶。才郎一去信音疏，长叹吁，香脸泪如珠。

从来好事天生俭，自古瓜儿苦后甜。奶娘催逼紧拘钳，甚是严，越间阻越情忺。

笑将红袖遮银烛，不放才郎夜看书。相偎相抱取欢娱，止不过迭应举，及第待何如。

百忙里铰甚鞋儿样，寂寞帏冷篆香。向前搂定可赠娘，止不过赶嫁妆，误了又何妨。

[越调] 小桃红

歌姬赵氏，常为友人贾子正所亲，携之江上，有数月留。后予过邓，往来侑觞。感而赋此，俾即席歌之。

云鬟凤鬓浅梳妆，取次樽前唱。比著当时江上，减容光，故人别后应无恙。伤心留得，软金罗袖，犹带贾充香。

套数

[仙吕] 点绛唇

金凤钗分，玉京人去，秋潇洒。晚来闲暇，针线收拾罢。

【幺篇】独倚危楼，十二珠帘挂，风箫飒。雨晴云乍，极目山如画。

【混江龙】断人肠处，天边残照水边霞。枯荷宿鹭，远树栖鸦。败叶纷纷拥砌石，修竹珊珊扫窗纱。

黄昏近，愁生砧杵，怨人琵琶。

【穿窗月】忆疏狂阻隔天涯，怎知人埋冤他。

吟鞭袅青骢马，莫吃秦楼酒，谢家茶，不思量执手临歧话。

【寄生草】凭阑久，归绣帏，下危楼强把金莲撒。深沉院宇朱扉亚，立苍苔冷透凌波袜。数归期空画短琼簪，揾啼痕频温香罗帕。

【元和令】自从绝雁书，几度结龟卦。翠眉长是锁离愁，玉容憔悴煞。自元宵等待过重阳，甚犹然不到家。

【上马娇煞】欢会少,烦恼多,心绪乱如麻。

偶然行至东篱下,自嗟自呀,冷清清和月对黄花。

[小石调] 恼煞人

又是红轮西坠,残霞照万顷银波。江上晚景寒烟,雾蒙蒙、风细细,阻隔离人萧索。

【幺篇】宋玉悲秋愁闷,江淹梦笔寂寞。人间岂无成与破,想别离情绪,世界里只有俺一个。

【伊州遍】为忆小卿,牵肠割肚。凄惶悄然无底末,受尽平生苦。天涯海角,身心无个归着。恨冯魁,趋恩夺爱,狗行狼心,全然不怕天折挫。到如今划地吃耽阁,禁不过,更那堪晚来暮云深锁。

【幺篇】故人杳杳,长江风送,听胡笳沥沥声韵聒。一轮皓月朗,几处鸣榔,时复唱和渔歌。转无那,沙汀蓼岸,一点渔灯相照,寂寞古渡停画舸。双生无语泪珠落,呼仆隶指泼水手,在意扶柁。

【尾声】兰舟定把芦花过,橹声省可里高声和。

恐惊散宿鸳鸯,两分飞也似我。

[双调] 乔木查

对景

海棠初雨歇,杨柳轻烟惹,碧草茸茸铺四野。俄然回首处,乱红堆雪。

【幺篇】恰春光也,梅子黄时节,映日榴花红似血。胡葵开满院,碎剪宫缬。

【挂搭沽序】倏忽早庭梧坠,荷盖缺。院宇砧韵切,蝉声咽。露白霜结,水冷风高,长天雁字斜,秋香次第开彻。

【幺篇】不觉的冰澌结,彤云布,朔风凛冽。乱扑吟窗,谢女堪题,柳絮飞玉砌。长郊万里,粉污遥山千叠。去路赊,渔叟散,披蓑去,江上清绝。幽悄闲庭院,舞榭歌楼酒力怯,人在水晶宫阙。

【幺篇】岁华如流水,消磨尽,自古豪杰,盖世功名总是空,方信花开易谢,始知人生多别。忆故园,漫叹嗟,旧游池馆,务做了狐踪兔穴。休痴休呆,蜗角蝇头,名亲共利切。富贵似花上蝶，春宵梦说。

【尾声】少年枕上欢，杯中酒好天良夜，休辜负了锦堂风月。

郑光祖

小令

[正宫] 塞鸿秋

门前五柳江侵路，庄儿紧靠白苹渡。除彭泽县令无心做，渊明老子达时务。频将浊酒沽，识破兴亡数，醉时节笑捻着黄花去。雨余梨雪开香玉，风和柳线摇新绿。日融桃锦堆红树，烟迷苔色铺青褥。王维旧画图，杜甫新诗句。怎相逢不饮空归去。金谷园那得三生富，铁门限柱作千年妒。汨罗江空把三闾污，北邙山谁是千钟禄？想应陶令杯，不到刘伶墓。怎相逢不饮空归去。

[双调] 蟾宫曲

半窗幽梦微茫，歌罢钱塘，赋罢高塘。风入罗帏，爽入疏棂，月照纱窗。缥缈见梨花淡妆，依稀闻兰麝余香。唤起思量，待不思量，怎不思量。飘飘泊泊船揽定沙汀，悄悄冥冥。江树碧荧荧，半明不灭一点渔灯。冷冷清清潇湘景晚风生，淅留淅零暮雨初晴。皎皎洁洁照橹篷剔留团栾月明，正潇潇飒飒和银筝失留疏剌秋声。见希飈胡都茶客微醒，细寻寻思思双生双生，你可闪下苏卿？

[双调] 蟾宫曲

弊裘尘土压征鞍，鞭倦袅芦花。弓剑萧萧，一径入烟霞。动羁怀，西风禾黍，秋水蒹葭。千点万点，老树寒鸦。三行两行，写高寒呀呀雁落平沙。曲岸西边，近水涡鱼网纶竿钓艖。断桥东下，傍溪沙、疏篱茅舍人家。见满山满谷，红叶黄花。正是凄凉时候，离人又在天涯。

套数

[南吕] 梧桐树南

相思借酒消，酒醒相思到，月夕花朝，容易伤怀抱。恹恹病转深，未否他知道。要得重生，除是他医疗。他行自有灵丹药。

【骂玉郎北】无端掘下相思窖，那里是蜂蝶阵、燕莺巢。痴心枉作千年调。不札实似风竹摇，无投奔似风絮飘，没出活似风花落。

【东瓯令南】情山远，意波遥，咫尺妆楼天样高。月圆苦被阴云罩，偏不把离愁照。玉人何处教吹箫，辜负了这良宵。

【感皇恩北】呀，那些个投以木桃，报以琼瑶？我便似日影内捕金乌、月轮中擒玉兔、云端里觅黄鹤。心肠枉费，伎俩徒劳。也是我恩情尽、时运乖、分缘薄。

【浣溪沙南】我自招，随人笑，自古今好物难牢。我做了渴浆崔护违前约，采药刘郎没下梢，心懊恼。再休想画堂中、绮筵前，夜将红烛高烧。

【采茶歌北】疼热话向谁学？机密事把谁托？那里是浔阳江上不能潮？有一日相逢酬旧好，我把这相思两字细推敲。

【尾南】我青春，他年少，玉箫终久遇韦皋，万苦千辛休忘了。

［双调］驻马听近·秋闺

财叶将残，雨霁风高摧木杪；江乡潇洒，数株衰柳罩平桥。露寒波冷翠荷凋，雾浓霜重丹枫老。暮云收，晴虹散，落霞飘。

【幺】雨过池塘肥水面，云归岩谷瘦山腰。横空几行塞鸿高，茂林千点昏鸦噪。日衔山，船舣岸，鸟寻巢。

【驻马听】闷入孤帏，静掩重门情似烧；文窗寂静，画屏冷落暗魂消。倦闻近砌竹相敲，忍听邻院砧声捣。景无聊，闲阶落叶从风扫。

【幺】玉漏迟迟，银汉澄澄凉月高；金炉烟烬，锦衾宽剩越难熬。强哇夜永把灯挑，欲求欢梦和衣倒，眼才交，恼人促织叨叨闹。

【尾】一点来不够身躯小，响喉咙针眼里应难到。煎聒的离人，斗来合噪。草虫之中无你般薄劣把人焦。急睡着，急惊觉，紧截定阳台路儿叫。

窦娥冤（节选）

（唱二黄散板）忽听得唤窦娥愁锁眉上，想起了老婆婆好不凄凉。只见她发了怒有话难讲，禁妈妈呼唤我所为哪桩？……我哭哭一声禁妈妈，我叫叫一声禁大娘，想窦娥遭了这不白冤枉，家有银钱尽花光，哪有余钱来奉上？望求妈妈你、你、你行善良。

（唱二黄慢板）未开言思往事心中调张，禁大娘你容我表叙衷肠。实可恨张驴儿良心昧丧，买羊肚要害婆婆一命身亡。害人者反害已徒劳妄想，他的母吃羊肚篓时断肠。狗奸碱仗男子出言无状，他把我老婆婆扭到公堂。不招认实难受无情梭棒，无情拌棒，为此事替婆婆认罪承当。

（唱二黄导板）一口饭噎得我险些命丧，（接唱散板）谢上苍恩赐我重见老娘。（唱快三眼）老婆婆你不必宽心话讲，媳妇我顿刻间命丧云阳；永不能奉甘旨承欢堂上，永不能与婆婆熬药煎汤；心儿内实难舍父母思养，要相逢除非是大梦一场。

（唱反二黄慢板）没来由遭刑宪受此磨难，看起来老天爷不辨愚贤；良善家为什么遭此天谴？作恶的为什么反增寿年？法场上一个个泪流满面，都道说我窦娥死得可怜！服睁睁老严亲难得相见，重时间大炮响尸首不全。

（唱二黄散板）又听得法场外人声呐喊，都道说我窦娥冤枉可怜！虽然是天地大无处申辩，我还要向苍穹诉苦一番：……这官司眼见得不明不暗，那赃官害得我负屈含冤；倘若是我死后灵应不显，怎见得此时我怨气冲天，我不要半星红血红尘溅，将鲜血俱洒在白练之间；四下里望旗杆人人得见，还要你六月里雪满阶前；这楚州要叫它三年大旱，那时节才知我身负奇冤！

【正宫】【端正好】没来由犯王法，不提防遭刑宪，叫声屈动地惊天！顷刻间游魂先赴森罗殿，怎不将天地也生埋怨。

【滚绣球】有日月朝暮悬，有鬼神掌着生死权。天地也，只合把清浊分辨，可怎生糊突了盗跖、颜渊。为善的受贫穷更命短，造恶的享富贵又寿延。天地也，做得个怕硬欺软，却原来也这般顺水推船。地也，你不分好歹何为地？天也，你错勘贤愚枉做天！哎，只落得两泪涟涟。

第七章　永恒的经典——四大名著选读

四大名著，又称四大小说，是指《三国演义》《西游记》《水浒传》及《红楼梦》四部中国古典章回小说。这四部著作历久不衰，其中的故事、场景已经深深地影响了中国人的思想观念、价值取向。四部著作都有很高的艺术水平，细致的刻画和所蕴含的思想都为历代读者所称道。

第一节　罗贯中与《三国演义》

罗贯中在正史、丰富的民间传说的基础上，创作了《三国演义》。其中有四百多个人物，如诸葛亮、曹操、刘备、关羽、张飞、赵云、孙权、周瑜等，都成为文学史上不朽的典型形象。

三顾茅庐

亮躬耕陇亩，好为《梁父吟》。身长八尺，每自比于管仲、乐毅，时人莫之许也。惟博陵崔州平、颍川徐庶元直与亮友善，谓为信然。

时先主屯新野。徐庶见先主，先主器之，谓先主曰："诸葛孔明者，卧龙也，将军岂愿见之乎？"先主曰："君与俱来。"庶曰："此人可就见，不可屈致也。将军宜枉驾顾之。"

由是先主遂诣亮，凡三往，乃见。因屏人曰："汉室倾颓，奸臣窃命，主上蒙尘。孤不度德量力，欲信大义于天下；而智术浅短，遂用猖蹶，至于今日。然志犹未已，君谓计将安出？"

亮答曰："自董卓已来，豪杰并起，跨州连郡者不可胜数。曹操比于袁绍，则名微而众寡。然操遂能克绍，以弱为强者，非惟天时，抑亦人谋也。今操已拥百万之众，挟天子而令诸侯，此诚不可与争锋。孙权据有江东，已历三世，国险而民附，贤能为之用，此可以为援而不可图也。荆州北据汉、沔，利尽南海，东连吴会，西通巴、蜀，此用武之国，而其主不能守，此殆天所以资将军，将军岂有意乎？益州险塞，沃野千里，天府之土，高祖因之以成帝业。刘璋暗弱，张鲁在北，民殷国富而不知存恤，智能之士思得明君。将军既帝室之胄，信义著于四海，总揽英雄，思贤如渴，若跨有荆、益，保其岩阻，西和诸戎，南抚夷越，外结好孙权，内修政理；天下有变，则命一上将将荆州之军以向宛、洛，将军身率益州之众出于秦川，百姓孰敢不箪食壶浆以迎将军者乎？诚如是，则霸业可成，汉室可兴矣。"

先主曰："善！"于是与亮情好日密。

关羽、张飞等不悦，先主解之曰："孤之有孔明，犹鱼之有水也。愿诸君勿复言。"羽、飞乃止。

第二节　施耐庵与《水浒传》

施耐庵是元末明初文学家，他才华横溢，博古通今。《水浒传》描写了北宋末年以宋江为首的一百零八位好汉在梁山起义，以及聚义之后接受招安、四处征战的故事。

武松打虎

武松在路上行了几日，来到阳谷县地面，离县城还远。正是晌午时候，武松走得肚中饥渴，望见前面有一家酒店，门前挑着一面旗，上头写着五个字："三碗不过冈"。

武松走进店里坐下，把哨棒靠在一边，叫道："主人家，快拿酒来吃。"只见店家拿了三只碗，一双筷子，一盘熟菜，放在武松面前，满满筛了一碗酒。武松拿起碗来一饮而尽，叫道："这酒真有气力！主人家，有饱肚的拿些来吃。"店家道："只有熟牛肉。"武松道："好的切二三斤来。"店家切了二斤熟牛肉，装了一大盘子，拿来放在武松面前，再筛一碗酒。武松吃了道："好酒！"店家又筛了一碗。恰好吃了三碗酒，店家再也不来筛了。武松敲着桌子叫道："主人家，怎么不来筛酒？"店家道："客官，要肉就添来。"武松道："酒也要，肉也再切些来。"店家道："肉就添来，酒却不添了。"武松道："这可奇怪了！你如何不肯卖酒给我吃？"店家道："客官，你应该看见，我门前旗上明明写着'三碗不过冈'。"武松道："怎么叫做'三碗不过冈'？"店家道："我家的酒虽然是村里的酒，可是比得上老酒的滋味。但凡客人来我店中，吃了三碗的，就醉了，过不得前面的山冈去。因此叫做'三碗不过冈'。过往客人都知道，只吃三碗，就不再问。"武松笑道："原来这样。我吃了三碗，如何不醉？"店家道："我这酒叫做'透瓶香'，又叫做'出门倒'，初入口时只觉得好吃，一会儿就醉倒了。"武松从身边拿出些银子来，叫道："别胡说！难道不付你钱！再筛三碗来！"

店家无奈，只好又给武松筛酒。武松前后共吃了十八碗。吃完了，提着哨棒就走。店家赶出来叫道："客官哪里去？"武松站住了问道："叫我做什么，我又不少你酒钱！"店家叫道："我是好意，你回来看看这抄下来的官府的榜文。"武松道："什么榜文？"店家道："如今前面景阳冈上有只吊睛白额大虫，天晚了出来伤人，已经伤了三二十条大汉性命。官府限期叫猎户去捉。冈下路口都有榜文，教往来客人结伙成对趁午间过冈，其余时候不许过冈。单身客人一定要结伴才能过冈。这时候天快晚了，你还过冈，岂不白白送了自家性命？不如就在我家歇了，等明日凑了三二十人，一齐好过冈。"武松听了，笑道："我是清河县人，这条景阳冈少也走过了一二十遭，几时听说有大虫！你别说这样的话来吓我。就有大虫，我也不怕。"店家道："我是好意救你，你不信，进来看官府的榜文。"

武松道："就真的有虎，我也不怕。你留我在家里歇，莫不是半夜三更来谋我财，害我性命，却把大虫吓唬我？"店家道："我是一片好心，你反当做恶意。你不相信我，请你自己走吧！"一面说一面摇着头，走进店里去了。

武松提了哨棒，大踏步走上景阳冈来。大约走了四五里路，来到冈下，看见一棵大树，树干上刮去了皮，一片白，上面写着两行字。武松抬头看时，上面写道："近因景阳冈大虫伤人，但有过往客商，可趁午间结伙过冈，请勿自误。"武松看了，笑道："这是店家的诡计，吓唬那些胆小的人到他家里去歇。我怕什么！"拖着哨棒走上冈来。这时天快晚了，一轮红日慢慢地落下山去。

武松乘着酒兴，只管走上冈来。不到半里路，看见一座破烂的山神庙。走到庙前，看见庙门上贴着一张榜文，上面盖着官府的印信。武松读了才知道真的有虎。武松想："转身回酒店吧，一定会叫店家耻笑，算不得好汉，不能回去。"细想了一回，说道："怕什么，只管上去，看看怎么样。"武松一面走，一面把毡笠儿掀在脊梁上，把哨棒插在腰间。回头一看，红日渐渐地坠下去了。

这正是十月间天气，日短夜长，天容易黑。武松自言自语道："哪儿有什么大虫！是人自己害怕了，不敢上山。"

武松走了一程，酒力发作，热起来了，一只手提着哨棒，一只手把胸膛敞开，踉踉跄跄，奔过乱树林来。见一块光华的大青石，武松把哨棒靠在一边，躺下来想睡一觉。忽然起了一阵狂风。那一阵风过了，只听见乱树背后扑地一声响，跳出一只吊睛白额大虫来。

武松见了，叫声"啊呀！"从青石上翻身下来，把哨棒拿在手里，闪在青石旁边。那只大虫又饥又渴，把两只前爪在地下按了一按，望上一扑，从半空里蹿下来。武松吃那一惊，酒都变做冷汗出了。说时迟，那时快，武松见大虫扑来，一闪，闪在大虫背后。大虫背后看人最难，就把前爪搭在地下，把腰胯一掀。武松一闪，又闪在一边。大虫见掀他不着，吼一声，就像半天起了个霹雳，震得那山冈也动了。接着把铁棒似的虎尾倒竖起来一剪。武松一闪，又闪在一边。

原来大虫抓人，只是一扑，一掀，一剪，三般都抓不着，劲儿先就泄了一半。那只大虫剪不着，再吼了一声，一兜兜回来。武松见大虫翻身回来，就双手抡起哨棒，使尽平生气力，从半空劈下来。只听见一声响，簌地把那树连枝带叶打下来。定睛一看，一棒劈不着大虫，原来打急了，却打在树上，把那条哨棒折做两截，只拿着一半在手里。

那只大虫咆哮着，发起性来，翻身又扑过来。武松又一跳，退了十步远。那只大虫恰好把两只前爪搭在武松面前。武松把半截哨棒丢在一边，两只手就势把大虫顶花皮揪住，往下按去。那只大虫想要挣扎，武松使尽气力按定，哪里肯放半点儿松！武松把脚往大虫面门上眼睛里只顾乱踢。那只大虫咆哮起来，不住地扒身底下的泥，扒起了两堆黄泥，成了一个土坑。武松把那只大虫一直按下黄泥坑里去。那只大虫叫武松弄得没有一些气力了。武松用左手紧紧地揪住大虫的顶花皮，空出右手来，提起铁锤般大小的拳头，使尽平生气力只顾打。打了五六十拳，那只大虫眼里、口里、鼻子里、耳朵里都迸出鲜血来，一点儿也不能动弹了，只剩下口里喘气。

武松放了手，去树边找那条打折的哨棒，只怕大虫不死，用棒子又打了一回，眼看那大虫气儿都没了，才丢开哨棒。武松心里想道："我就把这只死大虫拖下冈去。"就血泊里用双手来提，哪里提得动！原来武松使尽了气力，手脚都酥软了。

第三节　吴承恩与《西游记》

吴承恩字汝忠，号射阳山人，明代小说家。他自幼喜欢读野言稗史，熟悉古代神话和民间传说。科场的失意、生活的困顿，使吴承恩加深了对封建科举制度、社会现实的认识。

《西游记》是神魔小说的代表作，内容极其庞杂，人物形象跃然于纸上，如孙悟空豪爽、乐观的喜剧性格，滑稽谐趣却憨厚朴实的猪八戒形象，他们幽默诙谐、妙趣横生的对话使文章增色不少。

第八十九回　黄狮精虚设钉钯宴金木土计闹豹头山

却说那院中几个铁匠，因连日辛苦，夜间俱自睡了。及天明起来打造，篷下不见了三般兵器，一个个呆挣神惊，四下寻找。只见那三个王子出宫来看，那铁匠一齐磕头道："小主啊，神师的三般兵器，都不知那里去了！"小王子听言，心惊胆战道："想是师父今夜收拾去了。"急奔暴纱亭看时，见白马尚在廊下，忍不住叫道："师父还睡哩！"沙僧道："起来了。"即将房门开了，让王子进里看时，不见兵器，慌慌张张问道："师父的兵器都收来了？"行者跳起道："不曾收啊！"王子道："三般兵器，今夜都不见了。"八戒连忙爬起道："我的钯在么？"小王道：

"适才我等出来，只见众人前后找寻不见，弟子恐是师父收了，却才来问。老师的宝贝，俱是能长能消，想必藏在身边哄弟子哩。"行者道："委的未收，都寻去来。"随至院中篷下，果然不见踪影。八戒道："定是这伙铁匠偷了！快拿出来！略迟了些儿，就都打死！打死！"那铁匠慌得磕头滴泪道："爷爷！我们连日辛苦，夜间睡着，乃至天明起来，遂不见了。我等乃一概凡人，怎么拿得动，望爷爷饶命！饶命！"行者无语，暗恨道："还是我们的不是，既然看了式样，就该收在身边，怎么却丢放在此！那宝贝霞彩光生，想是惊动甚么歹人，今夜窃去也。"八戒不信道："哥哥说那里话！这般个太平境界，又不是旷野深山，怎得个歹人来！定是铁匠欺心，他见我们的兵器光彩，认得是三件宝贝，连夜走出王府，伙些人来，抬的抬，拉的拉，偷出去了！拿过来打呀！打呀！"众匠只是磕头发誓。

正嚷处，只见老王子出来，问及前事，却也面无人色，沉吟半晌，道："神师兵器，本不同凡，就有百十余人也禁挫不动；况孤在此城，今已五代，不是大胆海口，孤也颇有个贤名在外，这城中军民匠作人等，也颇惧孤之法度，断是不敢欺心，望神师再思可矣。"行者笑道："不用再思，也不须苦赖铁匠。我问殿下：你这州城四面，可有甚么山林妖怪？"王子道："神师此问，甚是有理。孤这州城之北，有一座豹头山，山中有一座虎口洞。往往人言洞内有仙，又言有虎狼，又言有妖怪。孤未曾访得端的，不知果是何物。"行者笑道："不消讲了，定是那方歹人，知道俱是宝贝，一夜偷将去了。"叫："八戒、沙僧，你都在此保着师父，护着城池，等老孙寻访去来。"又叫铁匠们不可住了炉火，一一炼造。

好猴王，辞了三藏，唿哨一声，形影不见，早跨到豹头山上。原来那城相去只有三十里，一瞬即到。径上山峰观看，果然有些妖气，真是：龙脉悠长，地形远大。尖峰挺挺插天高，陡涧沉沉流水紧。山前有瑶草铺茵，山后有奇花布锦。乔松老柏，古树修篁，出鸦山鹊乱飞鸣，野鹤野猿皆啸唤。悬崖下，麋鹿双双；峭壁前，獾狐对对。一起一伏远来龙，九曲九湾潜地脉。堰头相接玉华州，万古千秋兴胜处。行者正然看时，忽听得山背后有人言语，急回头视之，乃两个狼头怪妖，朗朗地说着话，向西北上走。行者揣道："这定是巡山的怪物，等老孙跟他去听听，看他说些甚的。"捻着诀，念个咒，摇身一变，变做个蝴蝶儿，展开翅，翩翩翻翻，径自赶上。果然变得有样范：一双粉翅，两道银须。乘风飞去急，映日舞来徐。渡水过墙能疾俏，偷香弄絮甚欢娱。体轻偏爱鲜花味，雅态芳情任卷舒。他飞在那个妖精头直上，飘飘荡荡，听他说话。那妖猛地叫道："二哥，我大王连日侥幸。前月里得了一个美人儿，在洞内盘桓，十分快乐。昨夜里又得了三般兵器，果然是无价之宝。明朝开宴庆钉钯会哩，我们都有受用。"这个道："我们也有些侥幸。拿这二十两银子买猪羊去，如今到了乾方集上，先吃几壶酒儿，把东西开个花帐儿，落他二三两银子，买件绵衣过寒，却不是好？"两个怪说说笑笑的，上大路急走如飞。行者听得要庆钉钯会，心中暗喜；欲要打杀他，争奈不管他事，况手中又无兵器。他即飞向前边，现了本相，在路口上立定。那怪看看走到身边，被他一口法唾喷将去，念一声"唵吽咤唎"，即使个定身法，把两个狼头精定住。眼睁睁，口也难开；直挺挺，双脚站住。又将他扳翻倒，揭衣搜捡，果是有二十两银子，着一条搭包儿打在腰间裙带上，又各挂着一个粉漆牌儿，一个上写着"刁钻古怪"，一个上写着"古怪刁钻"。

好大圣，取了他银子，解了他牌儿，返跨步回至州城。到王府中，见了王子、唐僧并大小官员、匠作人等，具言前事。八戒笑道："想是老猪的宝贝，霞彩光明，所以买猪羊，治筵席庆贺哩。但如今怎得他来？"行者道："我兄弟三人俱去，这银子是买办猪羊的，且将这银子赏了匠人，教殿下寻几个猪羊。八戒，你变做刁钻古怪，我变做古怪刁钻，沙僧装做个贩猪羊的客人，走进那虎口洞里，得便处，各人拿了兵器，打绝那妖邪，回来却收拾走路。"沙僧笑道："妙，妙，妙！不宜迟！快走！"老王果依此计，即教管事的买办了七八口猪，四五腔羊。

他三人辞了师父，在城外大显神通。八戒道："哥哥，我未曾看见那刁钻古怪，怎生变得他模样？"行者道："那怪被老孙使了定身法定住在那里，直到明日此时方醒。我记得他的模样，你站下，等我教你变。如此如彼，就是他的模样了。"那呆子真个口里念着咒，行者吹口仙气，霎时就变得与那刁钻古怪一般无二，将一个粉牌儿带在腰间。行者即变做古怪刁钻，腰间也带了一个牌儿。沙僧打扮得像个贩猪羊的客人，一起儿赶着猪羊，上大路，径奔山来。不多时，进了山凹里，又遇见一个小妖。他生得嘴脸也怎地凶恶！看那：圆滴溜两只眼，如灯幌亮；红刺睛一头毛，似火飘光。糟鼻子，猱狭口，獠牙尖利；查耳朵，砍额头，青脸泡浮。身穿一件浅黄衣，足踏一双莎蒲履。雄雄纠纠若凶神，急急忙忙如恶鬼。那怪左胁下挟着一个彩漆的请书匣儿，迎着行者三人叫道："古怪刁钻，你两个来了？买了几口猪羊？"行者道："这赶的不是？"那怪朝沙僧道："此位是谁？"

行者道："就是贩猪羊的客人，还少他几两银子，带他来家取的。你往那里去？"那怪道："我往竹节山去请老大王明早赴会。"行者绰他的口气儿，就问："共请多少人？"那怪道："请老大王坐首席，连本山大王共头目等众，约有四十多位。"正说处，八戒道："去罢，去罢！猪羊都四散走了！"行者道："你去邀着，等我讨他帖儿看看。"那怪见自家人，即揭开取出，递与行者。行者展开看时，上写着："明辰敬治肴酌庆钉钯嘉会，屈尊过山一叙，幸勿外，至感！右启祖翁九灵元圣老大人尊前。门下孙黄狮顿首百拜。"行者看毕，仍递与那怪。那怪放在匣内，径往东南上去了。

沙僧问道："哥哥，帖儿上是甚么话头？"行者道："乃庆钉钯会的请帖，名字写着门下孙黄狮顿首百拜,请的是祖翁九灵元圣老大人。"沙僧笑道:"黄狮想必是个金毛狮子成精,但不知九灵元圣是个何物。"八戒听言,笑道:"是老猪的货了!"行者道:"怎见得是你的货?"八戒道:"古人云,癞母猪专赶金毛狮子,故知是老猪之货物也。"他三人说说笑笑,赶着猪羊,却就望见虎口洞门。但见那门儿外:周围山绕翠,一脉气连城。峭壁扳青蔓,高崖挂紫荆。鸟声深树匝,花影洞门迎。不亚桃源洞,堪宜避世情。

渐渐近于门口,又见一丛大大小小的杂项妖精,在那花树之下顽耍,忽听得八戒"呵!呵!"赶猪羊到时,都来迎接,便就捉猪的捉猪,捉羊的捉羊,一齐捆倒。早惊动里面妖王,领十数个小妖,出来问道:"你两个来了?买了多少猪羊?"行者道:"买了八口猪,七腔羊,共十五个牲口。猪银该一十六两,羊银该九两,前者领银二十两,仍欠五两。这个就是客人,跟来找银子的。"妖王听说,即唤:"小的们,取五两银子,打发他去。"行者道:"这客人,一则来找银子,二来要看看嘉会。"那妖大怒骂道:"你这个刁钻儿愈懒!你买东西罢了,又与人说甚么会不会!"八戒上前道:"主人公得了宝贝,诚是天下之奇珍,就教他看看怕怎的?"那怪咄的一声道:"你这古怪也可恶!我这宝贝,乃是玉华州城中得来的,倘这客人看了,去那州中传说,说得人知,那王子一时来访求,却如之何?"行者道:"主公,这个客人,乃乾方集后边的人,去州许远,又不是他城中人也,那里去传说?二则他肚里也饥了,我两个也未曾吃饭。家中有现成酒饭,赏他些吃了,打发他去罢。"说不了,有一小妖,取了五两银子,递与行者。行者将银子递与沙僧道:"客人,收了银子,我与你进后面去吃些饭来。"沙僧仗着胆,同八戒、行者进于洞内,到二层厂厅之上,只见正中间桌上,高高供养着一柄九齿钉钯,真个是光彩映目,东山头靠着一条金箍棒,西山头靠着一条降妖杖。那怪王随后跟着道:"客人,那中间放光亮的就是钉钯。你看便看,只是出去,千万莫与人说。"沙僧点头称谢了。

第四节　曹雪芹与《红楼梦》

曹雪芹名霑，号雪芹，是我国清代伟大的小说家、诗人、画家。曹雪芹自幼在"秦淮风月"之地的"繁华"生活中长大。他的曾祖父曹玺、祖父曹寅等都担任过江宁织造，兼任两淮巡演监察御史，颇受康熙宠信。康熙六下江南，其中四次由曹寅负责接驾，并住在曹家。曹家一度是当时财势熏天的"百年望族"。

然而，雍正五年，曹家被抄家，家道从此日渐衰微。家庭的变故使曹雪芹深感世态炎凉。尽管曹雪芹生活一贫如洗，但是他以坚忍不拔的毅力，专心致志地从事小说《红楼梦》的写作。

《红楼梦》中每个人物形象都是活生生、有血有肉的。这是一部百科全书式的伟大作品，它的内容涵盖量远远超出一般的文字作品。

第四十回　史太君两宴大观园　金鸳鸯三宣牙牌令

远远望见池中一群人在那里撑舡。贾母道："他们既预备下船，咱们就坐。"一面说着，便向紫菱洲蓼溆一带走来。未至池前，只见几个婆子手里都捧着一色捏丝戗金五彩大盒子走来。凤姐忙问王夫人早饭在那里摆，王夫人道："问老太太在那里，就在那里罢了。"贾母听说，便回头说："你三妹妹那里就好。你就带了人摆去，我们从这里坐了舡去。"凤姐听说，便回身同了探春、李纨、鸳鸯、琥珀带着端饭的人等，抄着近路到了秋爽斋，就在晓翠堂上调开桌案。鸳鸯笑道："天天咱们说外头老爷们吃酒吃饭都有一个篾片相公，拿他取笑儿。咱们今儿也得了一个女篾片了。"李纨是个厚道人，听了不解。凤姐儿却知是说的是刘姥姥了，也笑说道："咱们今儿就拿他取个笑儿。"二人便如此这般的商议。李纨笑劝道："你们一点好事也不做，又不是个小孩儿，还这么淘气，仔细老太太说。"鸳鸯笑道："很不与你相干，有我呢。"正说着，只见贾母等来了，各自随便坐下。

先有丫鬟端过两盘茶来，大家吃毕。凤姐手里拿着西洋布手巾，裹着一把乌木三镶银箸，按席摆下。贾母因说："把那一张小楠木桌子抬过来，让刘亲家近我这边坐着。"众人听说，忙抬了过来。凤姐一面递眼色与鸳鸯，鸳鸯便拉了刘姥姥出去，悄悄地嘱咐了刘姥姥一席话，又说："这是我们家的规矩，若错了，我们就笑话呢。"调停已毕，然后归坐。薛姨妈是吃过饭来的，不吃，只坐在一边吃茶。贾母带着宝玉、湘云、黛玉、宝钗一桌。王夫人带着迎春姊妹三个人一桌，刘姥姥傍着贾母一桌。贾母素日吃饭，皆有小丫鬟在旁边，拿着漱盂、麈尾、巾帕之物。如今鸳鸯是不当这差的了，今日鸳鸯偏接过麈尾来拂着。丫鬟们知道他要撮弄刘姥姥，便躲开让他。鸳鸯一面侍立，一面悄向刘姥姥说道："别忘了。"刘姥姥道："姑娘放心。"那刘姥姥入了坐，拿起箸来，沉甸甸的不伏手。原是凤姐和鸳鸯商议定了，单拿一双老年四楞象牙镶金的筷子与刘姥姥。刘姥姥见了，说道："这叉爬子比俺那里铁锨还沉，那里犟的过他。"说的众人都笑起来。

只见一个媳妇端了一个盒子站在当地，一个丫鬟上来揭去盒盖，里面盛着两碗菜。李纨端了一碗放在贾母桌上。凤姐儿偏拣了一碗鸽子蛋放在刘姥姥桌上。贾母这边说声"请"，刘姥姥便站起身来，高声说道："老刘，老刘，食量大似牛，吃一个老母猪不抬头。"自己却鼓着腮不语。众人先是发怔，后来一听，上上下下都哈哈大笑起来。史湘云撑不住，一口饭都喷了出来，林黛玉笑岔了气，伏着桌子哎哟，宝玉早滚到贾母怀里，贾母笑得搂着宝玉叫"心肝"，王夫人笑得用手指着凤姐儿，只说不出话来，薛姨妈也撑不住，口里茶喷了探春一裙子，探春手里的饭碗都合在迎春身上，惜春离了坐位，拉着他奶母叫揉一揉肠子。地下的无一个不弯腰屈背，也有躲出去蹲着笑去的，也有忍着笑上来替他姊妹换衣裳的，独有凤姐、鸳鸯二人撑着，还只管让刘姥姥。刘姥姥拿起箸来，只觉不听使，又说道："这里的鸡儿也俊，下的这蛋也小巧，怪俊的，我且肏攮一个。"众人方住了笑，听见这话又笑起来。贾母笑得眼泪出来，琥珀在后捶着。贾母笑道："这定是凤丫头促狭鬼儿闹的，快别信他的话了。"那刘姥姥正夸鸡蛋小巧，要肏攮一个，凤姐儿笑道："一两银子一个呢，你快尝尝罢，那冷了就不好吃了。"刘姥姥便伸箸子要夹，那里夹的起来，满碗里闹了一阵好的，好容易撮起一个来，才伸着脖子要吃，偏又滑下来滚在地下，忙放下箸子要亲自去捡，早有地下的人捡了出去了。刘姥姥叹道："一两银子，也没听见响声儿就没了。"众人已没心吃饭，都看着他笑。贾母又说："这会子又把那个筷子拿了出来，又不请客摆大筵席，都是凤丫头支使的，还不换了呢。"地下的人原不曾预备这牙箸，本是凤姐和鸳鸯拿了来的，听如此说，忙收了过去，也照样换上一双乌木镶银的。刘姥姥道："去了金的，又是银的，到底不及俺们那个伏手。"凤姐儿道："菜里若有毒，这银子下去了就试的出来。"刘姥姥道："这个菜里若有毒，俺们那菜都成了砒霜了，那怕毒死了也要吃尽了。"贾母见他如此有趣，吃得又香甜，把自己的也端过来与他吃。又命一个老嬷嬷来，将各样的菜给板儿夹在碗上。

参 考 文 献

［1］迟双明. 国学经典全鉴系列珍藏版［M］. 北京：中国纺织出版社，2017.

［2］李金来. 国学经典选读读本［M］. 北京：北京师范大学出版社，2012.

［3］胡真. 国学经典选读［M］. 北京：世界图书出版公司，2011.

［4］张明光. 国学经典选读［M］. 长沙：湖南大学出版社，2014.

［5］何世凡，徐安铜. 国学经典美文选读［M］. 成都：西南交通大学出版社，2012.